JN413341

ONE-DAY LESSON
레이어드 팔찌

ONE-DAY LESSON
레이어드 팔찌

1판 1쇄 인쇄 2013년 9월 5일
1판 2쇄 발행 2014년 9월 1일

지은이	하폴
펴낸이	정원정, 김자영
편집	홍현숙
디자인	LOOKBOOK, 김민정

펴낸곳	즐거운상상
주소	서울시 종로구 필운대로 5길 26-1(누하동 158-3)
전화	02-706-9452 팩스 02-706-9458
전자우편	happywitches@naver.com
출판등록	2001년 5월 7일
인쇄	백산하이테크

ISBN 979-11-5536-004-0
     979-11-5536-003-3(세트)

* 이 책의 모든 글과 그림, 사진, 디자인을 무단으로 복사, 복제, 전재하는 것은 저작권법에 위배됩니다.
* 책값은 뒤표지에 있습니다.

DIY
ONE-DAY LESSON

하루만에 만드는 핸드메이드
레이어드 팔찌

즐거운상상

Prologue

화려하고 대담한 액세서리가 인기를 모으고 있습니다. 그 중 가장 쉽게 만들 수 있으면서 멋스러운 아이템은 단연 팔찌가 아닐까요? 《One-day lesson 레이어드 팔찌》는 누구나 하루 만에 쉽게 트렌디한 팔찌를 만들 수 있도록 안내하는 책입니다. 이 책에서는 펜던트, 장식 버튼, 원석과 비즈, 가죽 끈과 자수실, 체인, 지퍼 등 다양한 재료를 사용해 레이어드할 수 있는 팔찌를 만들었습니다. 쉽게 구할 수 있는 이런 재료들을 믹스하고 디자인하여 개성있고 감각적인 나만의 팔찌를 만들어 보세요.

팔찌를 만드는데 필요한 도구와 각 재료의 쓰임새는 물론, 기본 테크닉까지 사진으로 쉽게 설명했습니다. 과감하며 톡톡 튀는 트렌디한 팔찌를 비롯해서 목걸이와 반지 등 55가지 액세서리의 자세한 DIY 과정을 소개했습니다. 더불어 이미지 연출 사진을 통해 의상이나 소품과 매치할 수 있는 레이어드 스타일링도 담았습니다. 원데이 레슨으로 개성넘치는 액세서리를 직접 디자인하고 만들어보세요.

사랑하는 우리 가족 어머니와 아버지, 막내동생, 바쁜데도 부르면 달려와 준 천상 모델 언니, 늘 발 벗고 나서주는 란콩, 걱정해주고 가끔 따끔한 소리도 해주는 현쭐, 하꿀남 친구들 꿀비 수영이와 얌얌 신애, 그리고 즐거운상상 가족들, 응원해주신 이상춘 원장님과 아이콘 귀요미들, 매번 선플 달아주는 하폴 블로그 이웃님들 그리고 이 책을 읽는 독자들께 감사를 전합니다.

하폴

010
INTRODUCTION

012 구슬과 금속장식
018 끈과 체인
020 부자재
022 도구

024
TECHNIC

026 O링과 O링 반지 사용법
027 O링 연결하기
027 열쇠고리 연결하기
028 T핀, 9핀, 9자말이 사용법
029 자석 클래습 연결하기
030 T핀과 9핀으로 구슬 연결하기
031 고정볼 사용하기
032 ㄷ자 마감 캡 사용하기
033 마감 집게 고정하기
034 마감 캡 연결하기
035 랍스터 고리 연결하기
036 고리 달린 마감 볼 사용하기
037 토글 바 연결하기
038 굵은 체인 커팅하기
040 길이 조절 가능한 평매듭
041 길이 조절 가능한 매듭법
042 실 테슬 만들기
043 체인 테슬 만들기
043 피규어 펜던트 만들기

044
BRACELET

046 기본 레이어드 실팔찌
050 큐빅 레이어드 실팔찌
054 구슬 레이어드 실팔찌
058 닻 모양 앵커 장식 평매듭 팔찌
062 버클 장식 평매듭 팔찌
064 얇은 평매듭 팔찌
066 큐빅 포인트 매듭 실팔찌
070 반짝반짝 빛나는 미산가 실팔찌
076 믹스 스타일 원석 팔찌
078 빈티지 단추와 크롬 구슬 팔찌
080 스위트 캔디 팔찌
082 골드 체인 구슬 팔찌
084 골드 체인 큐빅볼 팔찌
086 걸리시 체인 실팔찌
090 큐빅줄을 더한 체인 실팔찌
094 체인 스터드 실팔찌
098 두 줄 체인 참장식 팔찌
102 천연 원석 체인 팔찌
104 체인 비즈 레이어드 포인트 팔찌
108 캐주얼 언밸런스 포인트 팔찌
114 펜던트 장식 체인 팔찌
116 블랙 & 화이트 스터드 체인 팔찌
118 패브릭 체인 팔찌
122 토이 펜던트 가죽 팔찌
124 큐빅줄 가죽 팔찌
128 가죽 스터드 팔찌
130 비즈 포인트 가죽 팔찌
134 심플 가죽 이니셜 팔찌
136 심플 체인 가죽 팔찌
138 빅볼드 큐빅 두꺼운 끈 팔찌
140 빅볼드 큐빅 데님 팔찌
144 큐빅볼 포인트 끈 팔찌
146 진주 옷핀 팔찌
148 지퍼 스터드 팔찌
150 참장식 컬러 끈 팔찌
152 찰랑찰랑 이니셜 팔찌
156 로프 네온 포인트 팔찌
160 레이스 리본 팔찌
162 락시크 스타일 지퍼 팔찌

164
ACCESSORIES

166 블링블링 이니셜 목걸이
170 볼드 큐빅 투명 PVC 목걸이
172 빅볼드 큐빅 포인트 스터드 목걸이
176 원석 비즈 믹스 디자인 목걸이
182 포인트 단추 반지
184 시드 비즈 반지
186 키치 스타일 키링
190 펜던트 가방 장식

192
JEWELRY STYLE REFORMS

194 비즈 믹스 머리띠 리폼
196 큐빅줄 장식 플라스틱 뱅글 리폼
198 빅볼드 큐빅 장식 뱅글 리폼
200 스터드 참장식 뱅글 리폼
202 주얼리 스타일 폰케이스 리폼
204 클러치 리폼
206 주얼리 스타일 슬리퍼 리폼
210 액세서리 보관대 만들기

INTRODUCTION

layered

jewelry

bracelet

 unique

 necklace

style

  ring

구슬과 금속 장식

1. 다양한 펜던트

1
다양한 컬러와 디자인의 펜던트 장식은 참장식 팔찌에서 진가를 발휘한다.
참장식 팔찌 외에도 활용도가 무궁무진한 장식이다.

3. 원석구슬

2. 다양한 커팅원석

4. 샌딩구슬

1. 해골구슬

2
가공한 원석은 구멍이 뚫린 위치에 따라 목걸이, 팔찌 등으로 다양하게 응용할 수 있다. 원석의 컬러와 질감이 모두 다르므로 어울리는 소재와 매치하여 디자인한다.

3
원석 구슬은 구슬 모양으로 가공해 무게감이 있고, 종류도 다양하다. 염색한 원석, 축구공 커팅 원석 등이 있으며 원석 외에도 아크릴 구슬, 핵진주 등 종류가 다양하다.

4
샌딩 구슬은 믹스 원석팔찌에 사용하기 좋은 소재로 표면에 모래 질감이 입체적으로 입혀진 구슬이다. 은은한 컬러가 고급스러워 볼드한 구슬 목걸이에 사용해도 좋다.

5. 비가공 원석

6. 플랫 아크릴 큐빅

7. 장식버튼 →

5
비가공 원석은 천연 원석 느낌이 그대로 살아있어 투박하지만 자연스러운 내추럴 오브제로 주로 쓰인다. 구슬처럼 구멍이 뚫려있으면 팔찌에 주로 활용하고, 금속 받침대가 있다면 반지나 목걸이에 활용하기 좋다.

6
플랫 아크릴 큐빅은 뒷 부분이 납작하고 비즈 캡 장식이 붙어있지 않으며 양쪽으로 구멍이 뚫려 있다. 실로 꿰매어 브로치나 머리띠 장식 등으로 사용한다.

7
화려한 장식으로 디자인된 장식 버튼. 고리 자체를 그대로 사용하여 펜던트처럼 쓰거나 고리를 분리하여 반지로 만든다. 일반 펜던트 장식과는 또다른 멋이 있다.

8
믹스 원석 팔찌에 사용하기 좋은 큐빅 구슬. 반짝이는 스와로브스키 큐빅이 촘촘히 박혀있어 돋보인다. 다양한 디자인의 큐빅이 원석 구슬과 함께 고급스러움을 더해준다.

9
다양한 컬러의 해골 구슬은 키치한 아이템에 주로 사용한다.

8. 큐빅구슬 ←

10. 빅볼드 큐빅

11. 해골모양 금속펜던트

10
빅볼드 큐빅은 아크릴 재질의 큐빅으로 구멍 뚫린 비즈 캡에 싸여있어 실로 꿰매어 고정하기도 한다. 다양한 컬러와 모양이 있어 활용도가 높다.

11
다양한 소재와 컬러의 해골 모양 금속 펜던트는 락시크 느낌으로 매듭 팔찌에 함께 장식하면 멋스럽다.

12
알파벳이나 숫자 등 다양한 디자인의 이니셜 펜던트를 이용하면 자신만의 팔찌나 목걸이를 만들 수 있다.

13
다양한 모양과 디자인의 고리 단추. 빈티지한 팔찌의 마감 장식으로 사용하기 좋고, 믹스 스타일에 비즈와 함께 스타일링하기 좋다.

14
시드 비즈는 유리, 아크릴 등 재질과 컬러, 모양과 크기가 다양하다. 가운데에 뚫려 있는 구멍에 낚싯줄을 끼워 엮어서 만드는 비즈 공예에 주로 쓰인다. 얇은 팔찌를 만들거나, 비즈 오브제 등을 만들 때 보조적으로 함께 쓰기도 한다.

15
스와로브스키 크리스탈 큐빅이 촘촘히 박혀있는 줄 형태의 큐빅이다. 니퍼로 끊어서 사용한다.

12. 이니셜 금속펜던트

14. 시드비즈

16. 라벨모양 금속펜던트

13. 고리단추

17. 헥사곤너트

16
라벨 모양 금속 펜던트는 팔찌를 완성한 후 체인의 끝에 라벨처럼 달아준다.

17
헥사곤 너트는 투박하지만 기하학적 미가 있어, 아크릴이나 에나멜을 입혀 팔찌 또는 목걸이의 구슬 장식으로 활용하기도 한다.

18
다양한 디자인의 링 펜던트는 팔찌의 구슬 사이사이에 매치하거나, 우레탄 줄에 링 펜던트만 모아 연출해도 독특한 느낌을 낼 수 있다. 디자인에 따라 활용도가 다양한 보조 펜던트.

18. 링 펜던트

15. 큐빅줄

끈과 체인

둥근 끈

둥근 끈 종류는 원석 또는 비즈를 끼워 팔찌를 만들기도 하고, 다양한 컬러의 끈을 이용하여 매듭을 짓거나 엮어 디자인 팔찌로 사용할 수 있다. 체인과 함께 감기만 해도 멋스럽다. 로프는 마린스타일과 잘 어울리며 여러 금속 소재의 펜던트, 부자재와 함께 사용하여 믹스 스타일로 연출하기에 좋다.

납작한 띠

지퍼, 세줄땋기된 띠, 면 소재의 리본 끈, 신발끈, 납작한 레이스, 3~4cm 너비의 가죽 띠 등 납작한 띠 종류는 체인 또는 다양한 펜던트, 부자재와 함께 팔찌에 자주 사용하는 재료다. 특히 지퍼는 맞물리는 이빨 부분이 별다른 장식을 더하지 않아도 특유의 멋이 있어 쓰임새가 좋다. 레이스의 경우 그 자체로도 팔찌를 만들 수도 있다.

체인

체인의 종류는 정말 다양하다. 소재부터 질감, 크기, 굵기, 컬러에 따라 다양한 느낌을 낸다. 크기별로 용도를 구분할 수도 있는데 얇은 체인은 길이 조절용으로 마감 장식 부자재와 함께 쓰이기도 하고, 원 포인트 펜던트 목걸이의 줄로도 사용한다. 박스 체인(오른쪽에서 네 번째)의 경우 특유의 네모난 형태가 재미있어 박스 체인 디자인을 살려 팔찌를 디자인하면 좋다. 매트한 애나멜 컬러 체인은 고급스럽고 심플한 디자인과 잘 어울리고, 볼드한 애나멜 컬러 체인은 키치한 스타일의 디자인에 어울린다. 다양한 디자인의 체인에 참장식을 몇 개만 걸어도 간단하게 팔찌 하나가 뚝딱 만들어질 만큼 체인은 그 자체로도 완성도 높은 부자재이다.

부자재

1. O링
2. 닻모양 마감장식
3. 랍스터고리
4. 솔트레지
5. 버클 장식
6. 자석마감장식
7. 볼트형 스터드 장식
8. 키링 장식

1
O링은 펜던트와 장식 등을 연결하는 기본 고리 장식이다. 연결하여 체인을 만들어 사용하기도 한다.

2
닻 모양 마감 장식은 매듭 팔찌 등을 만들 때 한쪽 끝에 고리를 만들어 닻의 둥근 부분에 끼워 사용한다.

3
랍스터 고리는 체인 또는 O링과 함께 세트로 사용된다. 크기와 컬러, 디자인이 다양하며, 팔찌나 목걸이, 열쇠고리 등 여러 마감에 쓰인다.

4
솔트레지는 가죽용 마감 장식이다. 가죽은 재질이 뻣뻣하고 잘 늘어나거나 찢어지지 않기 때문에 볼트 형태의 장식만으로도 고정이 가능하다. 장식을 고정할 곳에 구멍을 뚫어 나사를 돌려서 스터드처럼 고정한다.

5
버클 장식은 팔찌에 주로 사용한다. 투박한 느낌 때문에 등산화용 끈으로 만든 평매듭 너트 팔찌와 어울린다.

6
다양한 디자인의 자석 마감 장식. 고리가 달려있는 것은 O링 등으로 연결하여 사용하고 파이프로 연결되어 있는 장식은 체인이나 끈을 파이프 안쪽에서 접착제로 붙여서 사용한다.

7
나사를 돌려서 고정하는 방식의 스터드 장식

8
랍스터 고리가 달린 열쇠고리 장식

9
랍스터 고리처럼 손잡이 부분을 열어 사용하지만, 둥근 형태로 되어있고 잘 열릴 염려가 없어 목걸이를 만들 때 주로 사용한다.

10
토글 바는 동그란 고리와 바 형태로 되어있는 잠금 장식으로, 바를 고리에 넣어 고정하는데, 여닫기가 쉬워서 편리하다.

11
마감 장식은 체인, 끈, 리본 등을 잠금 장식과 연결하거나 다른 비즈 장식, 체인 등과 연결할 때 필요하다. 펜치로 눌러 고정하거나 원통형은 접착제로 고정한다.

12
사각 스터드 장식은 칼집으로 홈을 파고 뒷부분에서 펜치로 고정하는 장식. 가죽과 잘 어울린다.

13
T핀, 9핀은 구슬 형태로 만들어진 비즈 장식에 고리를 달아주는 핀으로, 비즈를 핀대에 끼운 뒤 9자말이를 이용하여 핀을 구부려서 링 고리를 만들어서 사용한다.

14
고리형 나사못은 플라스틱과 아크릴 등의 소재에 스크류로 고정하여 고리를 달아 펜던트로 사용할 수 있도록 하는 부자재이다.

15
원통형, 사각형 파이프 장식은 목걸이나 팔찌에 연결하여 다양하게 쓰인다.

16
휴대폰 이어캡 장식으로 사용할 수 있는 이어캡 받침

17
오브제를 붙여 반지를 만들 수 있는 반지대

18
스터드 펜던트는 고리가 달린 스터드 장식으로 락시크, 키치 아이템에 주로 활용한다.

펜치
T핀, 9핀 등을 구부릴 때, O링을 열고 닫을 때, 고정볼이나 마감 장식을 누를 때 사용한다.

도구

펀치
가죽 등에 구멍을 뚫을 수 있는 도구로 2~4.5mm 지름의 크기를 선택하여 구멍을 뚫을 수 있다.

니퍼
안쪽에 날카로운 칼날이 있어 체인이나 T핀, 9핀 등 금속 소재의 재료를 커팅할 때 사용한다.

O링 반지
O링을 연결할 때 벌리고 오므려 닫기 편한 보조 도구로, 손가락에 끼워 사용한다.

순간접착제

열을 발생시키며 5~10초 정도면 완전히 고정되는 초강력 순간접착제. 패브릭에는 스며들어 사용이 곤란하지만, 그 외 메탈, 플라스틱, 가죽 등은 손쉽게 붙일 수 있다.

가위

실과 바늘

실핀

체인에 실을 땋아 엮을 때 두꺼운 실을 엮는 바늘 대용으로 사용한다.

초보자용 9자말이

9자말이

T핀, 9핀 등의 고리를 만들기 위해 끝부분이 원뿔 모양으로 되어있는 도구. 한쪽이 원뿔을 보조하는 모양으로 되어있는 초보자용도 있다.

접착제 E-6000

투명한 본드 타입의 접착제로 가죽이나 패브릭 등 거의 모든 소재를 붙일 때 다양하게 이용한다. 잘 떨어지지 않고, 5~10분 이내로 접착되며 24시간 이상 완전히 굳히면 접착력이 가장 커진다.

TECHNIC

jewelry

bracelet

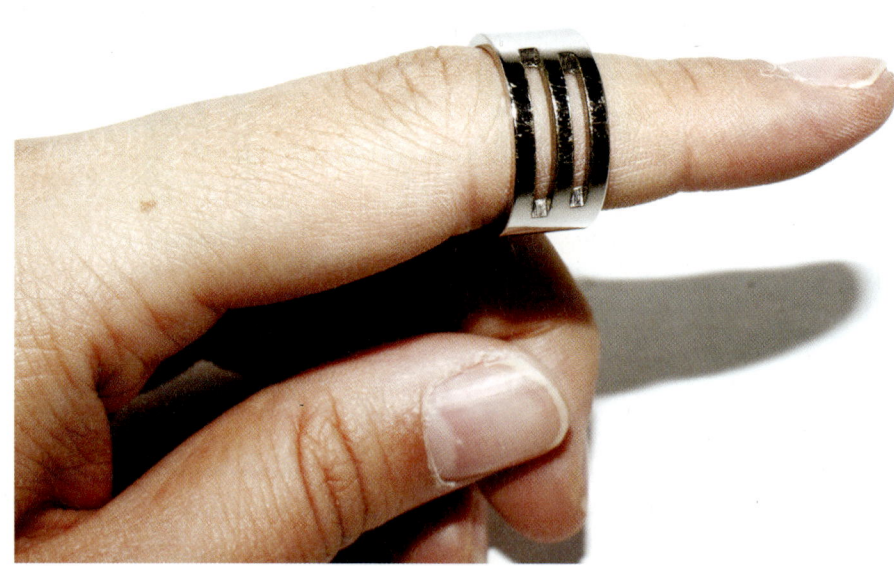

   unique  necklace

technic

팔찌 만들기 첫걸음, 테크닉

팔찌를 만들 때 가장 기본이 되는 도구 사용법, 마감법, 매듭법 등을 소개합니다.

  ring

O링과 O링 반지 사용법
needed
O링 반지, O링, 펜치

1

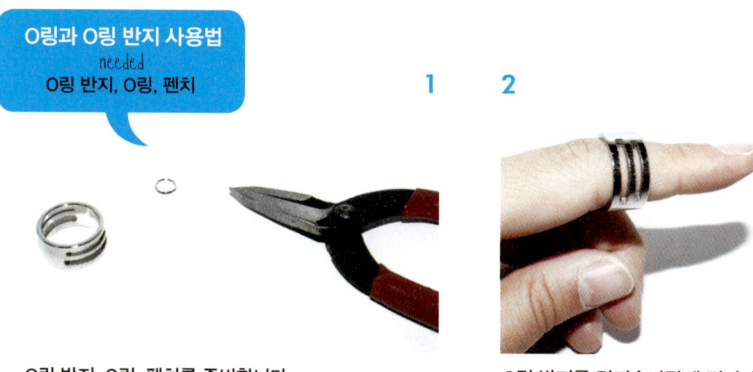

O링 반지, O링, 펜치를 준비합니다.

2

O링 반지를 검지손가락에 낍니다.

3

O링 반지의 네 개 홈 중, O링의 굵기에 맞는 홈에 O링의 커팅된 부분이 보이도록 살짝 끼웁니다.

4

펜치로 잡고 안으로 살짝 당깁니다.

5

O링 반지의 홈이 지렛대가 되어 O링의 커팅된 부분이 벌어집니다.

6

벌어진 틈 사이로 펜던트 등을 연결한 뒤 닫아줍니다. 닫을 때도 마찬가지로 O링을 반지의 홈에 반 정도 넣고 처음 O링을 당겼던 반대 방향으로 밀어줍니다.

O링 연결하기
needed
O링 여러 개, 펜치, O링 반지

1

O링 여러 개와 O링 반지, 펜치를 준비하고 O링 반지 사용법을 참조하여 O링의 틈을 벌립니다.

2

같은 방법으로 O링과 O링을 연결합니다.

3

원하는 길이만큼 O링을 연결하면 체인처럼 활용이 가능합니다. 랍스터 고리만 있을 경우 길이조절용으로 활용할 수 있습니다.

열쇠고리 연결하기
needed
열쇠고리, O링 반지, 펜치

1

열쇠 고리의 끝에 달려 있는 O링을 O링 반지와 펜치를 이용해 틈을 벌립니다. O링 반지 사용법을 참조하세요.

2

펜던트 고리에 O링을 연결합니다.

3

열쇠고리 연결 방법의 핵심은 열쇠고리의 부분 중 360도 회전하는 작은 고리에 걸어주는 것입니다.

T핀, 9핀, 9자말이 사용법
needed
T핀, 9핀, 9자말이, 초보용 9자말이

1

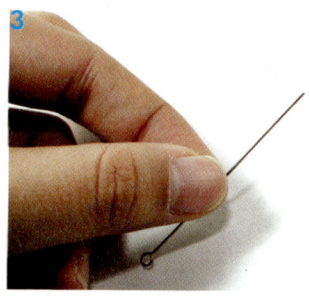

2

T핀은 끝부분에 시침핀처럼 작은 머리가 달린 핀을 말하며, 9핀은 한쪽이 동그랗게 말려있는 9자 모양의 핀입니다. T핀은 한 개의 고리가 필요할 때, 9핀은 양쪽으로 두 개의 고리가 필요할 때 사용합니다.

9자 말이는 집게 양쪽이 모두 원뿔형인 것과 한쪽만 원뿔형인 것이 있는데, 한쪽만 원뿔형인 것이 초보용입니다. 동그란 고리 모양으로 구부리는 역할을 합니다.

3

4

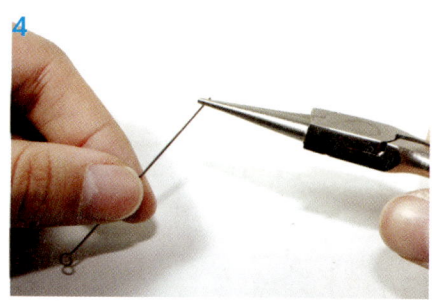

핀의 뾰족한 쪽이 위로 향하도록 잡아주세요.

9자말이로 핀의 끝을 힘껏 잡아줍니다.

5

6

9자말이 집게의 원통형을 따라 핀을 구부립니다.

초보용 9자말이를 사용하면 사진처럼 동그란 모양을 보조해주어 비교적 쉽게 고리 모양을 동그랗게 만들 수 있습니다.

7

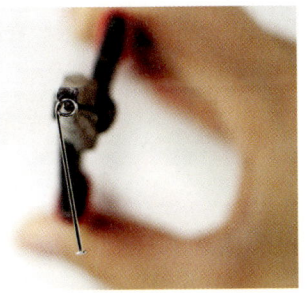

핀대와 만나는 부분까지 구부려서 틈이 없도록
맞물려주거나, 두 바퀴 정도 감아 튼튼하게 만듭니다.

8

T핀과 9핀 모두 9자말이를 이용하여 고리를 만든
모습입니다.

자석 클래습 연결하기
needed
자석 클래습 장식, 도톰한 끈,
순간접착제

1

자석 클래습 장식은 원통형으로 뚫려 있는 것과
막혀 있는 것이 세트로 구성되어 있습니다. 가운데
육각형의 장식이 있는 자석 클래습이 닫힌 모습입니다.

2

자석 클래습의 한쪽 원통 안쪽에 접착제를 바른 후
끈을 원통의 끝까지 넣어줍니다. 접착제를 듬뿍 발라
단단하게 고정합니다. 끼워 넣을 끈의 굵기와 자석
클래습의 지름을 적당히 맞추어 사용하세요.

3

반대쪽도 같은 방법으로 접착제로 고정합니다.

4

자석 클래습으로 만든 팔찌의 모습입니다.

> T핀과 9핀으로 구슬 연결하기
> needed
> T핀, 9핀, 9자말이, 구슬 2개

1

T핀에 구슬을 끼웁니다. T핀의 머리가 너무 작거나 구슬의 구멍이 너무 크면 T핀이 빠질 수 있으니 사이즈를 꼭 확인하세요.

2

구슬을 끼우고 9자말이를 이용하여 고리를 만듭니다.

3

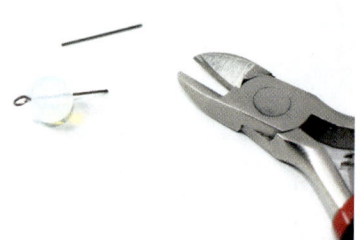

9핀을 구슬에 끼웁니다. 핀이 너무 길면 니퍼로 적당히 끝 부분을 자른 뒤 사용합니다. 고리를 만들기에 적절한 길이는 약 15mm 정도입니다.

4

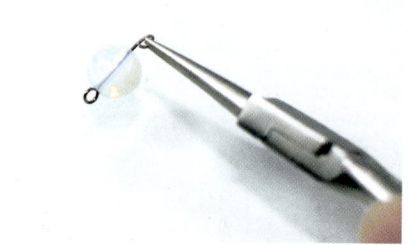

9자말이를 이용하여 핀의 끝부분을 구부려 고리를 만듭니다.

5

9핀의 한쪽 고리를 벌려 T핀의 고리와 연결합니다.

6

구슬 두 개를 T핀과 9핀으로 연결한 모습입니다.

고정볼 사용하기
needed
고정볼, 두께 1mm 이하 얇은 끈 또는 낚싯줄, 펜치

1

2

고정볼이란 옆면이 약간 볼록한 원통형 장식으로 줄에 끼운 비즈가 빠지지 않도록 매듭처럼 고정하거나, 고리를 만들어 마감하는 역할을 합니다.

얇은 줄에 고정볼을 끼웁니다.

3

4

줄을 다시 구멍으로 통과시켜 고리를 만듭니다.

펜치로 살짝 고정볼을 눌러주면 줄이 고정됩니다.

5

6

동그란 원통형의 고정볼이 납작한 직사각형 모양이 되면 고정된 것입니다.

고정볼로 마감한 후 구슬을 끼우면 고정될 뿐 아니라 고리에 O링을 걸어 마감 장식과 연결할 수도 있습니다.

ㄷ자 마감 캡 사용하기
needed
ㄷ자 마감 캡, 두께 2~3mm 정도의 끈, 순간접착제, 펜치

1

마감 캡 장식으로 자주 사용되는 ㄷ자 마감 캡입니다.

2

집게 안쪽 부분에 순간접착제를 살짝 발라줍니다.

3

집게 안쪽 접착제 바른 부분에 끈을 놓습니다.

4

펜치로 집게의 양 날개 부분을 접어줍니다.

5

단단히 고정하여 빠지지 않도록 합니다.

6

두께 2~3mm 정도의 줄과 잘 어울립니다. 얇은 줄을 사용할 경우 매듭을 짓고 매듭이 집게 안으로 쏙 들어가도록 합니다.

> **마감 집게 고정하기**
> *needed*
> 마감 집게, 펜치, 순간접착제

1

이빨 달린 마감 집게입니다. 너비가 10~30mm로 다양하며, 리본 끈, 가죽 끈 등 다양한 재료와 함께 널리 쓰이는 고정용 고리 장식입니다. 고정할 끈의 너비와 같은 너비의 집게를 사용하세요.

2

끈의 너비와 같은 사이즈의 마감 집게를 준비합니다.

3

끈의 끝 부분에 순간접착제를 살짝 발라줍니다.

4

마감 집게를 붙인 뒤 펜치로 힘껏 눌러 고정합니다.

5

이빨이 끈을 누르며 고정된 느낌이 들 때까지 단단히 눌러 고정합니다.

6

끈의 두께는 0.5~2.5mm 정도가 적당합니다.

마감 캡 연결하기
needed
두께 5~6mm의 로프 15cm, 지름 7~8mm의 마감 캡 세트, 접착제

1

로프를 자를 때는 올이 풀리기 쉬우므로 순간접착제를 살짝 바르거나 테이프로 돌돌 감아줍니다.

2

테이프를 감은 부분의 가운데, 또는 접착제로 살짝 붙여준 부분을 가위로 잘라내면 올이 쉽게 풀리지 않고 로프를 잘라낼 수 있습니다. 15cm 정도 손목 둘레 길이로 잘라주세요.

3

로프의 두께보다 2mm 정도 지름이 큰 사이즈의 마감 캡 세트를 준비합니다.

4

잘라낸 로프의 끝 부분에 접착제를 듬뿍 발라줍니다. 또는 비즈캡 안쪽에 접착제를 발라주어도 됩니다.

5

고정 캡 안으로 접착제를 바른 로프를 끝부분까지 밀어 넣어주면 됩니다.

6

양쪽 모두 고정하면 완성입니다. 디자인에 따라 얇은 로프를 여러 줄 연결하거나 다른 종류의 띠, 체인 등과 함께 붙여 연결할 수도 있습니다.

1

랍스터 고리 연결하기
needed
랍스터 고리, O링 2개, 길이조절용 체인 또는 굵은 O링, O링 반지, 펜치

랍스터 고리를 마감 장식으로 사용할 경우 랍스터 고리를 걸 수 있는 체인이 필요합니다. 길이 조절이 필요하지 않을 경우에는 굵은 O링 1개를 준비하세요.

2

랍스터 고리에 O링을 연결합니다.

3

연결하고자 하는 팔찌 또는 목걸이의 끝 부분 마감 고리에 연결합니다.

4

반대쪽에 굵은 O링을 작은 O링으로 연결합니다.

5

연결했을 때의 모습입니다. 길이 조절이 필요 없을 때 연결 방법입니다.

6

길이 조절용 체인을 연결한 모습입니다. 체인이 없을 경우 지름 3~10mm O링을 여러 개 연결해 사용할 수 있습니다. 랍스터 고리의 크기에 따라 체인의 두께나 지름을 잘 선택하여 사용합니다.

> **고리 달린 마감 볼 사용하기**
> needed
> 고리 달린 마감 볼,
> 펜치, 1mm 이하의 줄

1

2

고리 달린 마감 볼입니다. 끈을 연결할 때 따로 고리를 만들 필요가 없어 편리하게 사용할 수 있습니다.

고리가 달린 마감 볼은 가운데에 구멍이 뚫려 있습니다.

3

4

1mm 이하 두께의 줄을 마감 볼 가운데의 구멍으로 통과시킵니다. 약간 굵은 줄이라면 가위로 끝 부분을 비스듬히 자르고 넣으면 비교적 잘 들어갑니다.

줄의 끝 부분을 매듭지은 뒤 여분을 가위로 잘라냅니다.

5

6

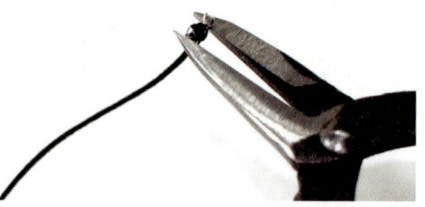

매듭을 마감 볼의 캡 안으로 쏙 넣습니다.

펜치로 캡을 구부려 닫습니다. 더욱 단단하게 고정하고 싶다면 캡을 닫기 전 매듭에 순간접착제를 살짝 발라주세요.

7

캡을 완전히 닫으면 단단하게 고정이 됩니다.

8

줄의 반대쪽도 마찬가지로 작업하여 팔찌나 목걸이 등에 응용합니다.

토글 바 연결하기
needed
체인 또는 마감 고리로 마감한 팔찌 또는 목걸이, 토글 바 세트, O링 4개, 펜치, O링 반지

1

토글 바는 링과 바로 이루어져 있으며, 동그란 링에 링의 지름보다 긴 바를 통과시켜 고정하는 형태의 마감 장식입니다.

2

O링을 토글 바의 링 장식에 연결합니다.

3

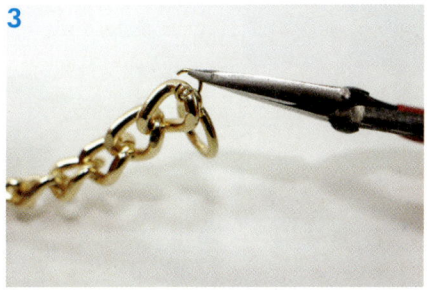

체인에 링 장식을 연결합니다.

4

링 장식을 체인과 연결한 모습입니다.

5

O링을 3개 정도 연결합니다.

6

연결한 O링 체인을 토글 바 세트의 바 장식에 걸어줍니다. 팔찌를 손목에 찰 때 바를 링 안으로 끝까지 통과시킨 후 걸어주기 때문에 바 끝 부분에 O링을 2~3개 정도 연결하면 착용할 때 편리합니다.

7

체인의 반대쪽에 바 장식을 연결합니다.

8

토글 바는 만들 때 길이 조절을 해야 합니다. 바 부분의 체인을 2개 이상 연결하여 길이를 늘일 수 있습니다.

9

토글 바 장식으로 마감한 팔찌의 장식을 잠근 모습입니다.

> **굵은 체인 커팅하기**
> *needed*
> 굵은 체인, 펜치, 니퍼

1

체인의 끝 부분 고리에서 커팅된 부분을 찾습니다.

2

이미 커팅되어 맞물린 부분을 다시 한 번 커팅하듯이 니퍼로 잘라줍니다.

3

커팅 후 니퍼를 양쪽으로 비스듬히 꺾어 체인의 두께만큼 사이를 벌려줍니다.

4

체인의 틈이 충분히 벌어지면 분리합니다.

5

벌어진 체인을 다시 오므릴 때는, 일반 펜치나 사진처럼 동그랗게 벌어진 틈이 있는 펜치를 사용합니다.

6

동그랗게 벌어진 틈이 있는 펜치로 체인을 오므리면 체인에 자국이 덜 나서 깔끔합니다.

7

깔끔하게 마무리된 모습입니다.

> **길이 조절 가능한 평매듭**
> needed
> 로프 끈 약 20cm,
> 등산화 끈 약 24cm

1

로프를 손목 둘레 16cm 정도로 만든 뒤 겹치는 두 줄 아래로 평매듭을 만들어 줄 등산화 끈을 교차해 놓습니다.

2

팔찌가 될 로프 끈은 고정상태로 두고, 등산화 끈을 오른쪽이 위로, 왼쪽이 아래로 오도록 오른쪽에서 교차시킵니다.

3

교차시킨 상태에서 위쪽에 세로로 놓인 끈을 로프 아래를 지나 왼쪽에 생긴 고리 안으로 통과시킵니다.

4

그대로 양쪽 끈을 잡아당기면 매듭이 생깁니다.

5

이번에는 왼쪽 끈이 세로로 위에 놓이고, 오른쪽 끈은 왼쪽 끈 아래에 놓아 왼쪽에서 두 줄을 교차시킵니다.

6

왼쪽에서 위에 놓인 끈을 로프 아래를 지나 오른쪽 고리 안으로 통과시킵니다.

7

양쪽으로 당겨 매듭이 생기면 같은 방법으로 반복해 오른쪽, 왼쪽 매듭을 6개 정도 만듭니다.

8

등산화 끈은 나일론 재질로 되어있어 라이터 불로 끝을 그슬려 깔끔하게 마감합니다. 잘라낸 끈의 틈새를 순간접착제로 살짝 붙여주면 매듭이 풀리지 않아요.

9

완성된 모습입니다.

10

끈을 양쪽으로 당기면 팔찌의 둘레가 줄어들고, 팔찌를 양쪽으로 잡고 늘리면 팔찌의 둘레가 늘어납니다.

길이 조절 가능한 매듭법
needed
두꺼운 끈 약 20cm

1

끈을 팔둘레에 맞도록 고리를 만들며 교차시킵니다.

2

한 쪽 끈의 끝이 다른 쪽을 감아 내려오듯 교차하여 감습니다.

3

감아내려온 끈을 다시 위쪽으로 보내 생기는 고리 사이로 끼워줍니다.

4

매듭이 생기면 양쪽을 잡아당겨 비교적 단단하게 만들어줍니다.

5

매듭의 사이로 통과한 끈을 잡아당기면 길이 조절이 되므로 매듭은 약간 느슨한 정도로 한 뒤, 양쪽 끝의 올이 풀리지 않도록 끈을 매듭지어 줍니다.

실 테슬 만들기
needed
자수실 또는 도톰한 면 소재
실 약 35cm, O링 1개

1

실을 5~6cm 정도의 길이로 여러 번 감아 적당한 두께를 만들어 준 뒤, 5mm O링에 통과시킵니다.

2

통과시킨 실을 O링에 가까운 쪽에서 같은 실로 묶어준 뒤, 순간접착제를 발라 고정합니다.

3

묶은 후 튀어나오는 실은 가위로 잘라내어 정리하고, 끝 부분을 같은 길이로 잘라주어 정돈하면 완성.

체인 테슬 만들기

needed
너비 2mm의 얇은 체인 15cm,
9핀 1개, 비즈캡 1개

1

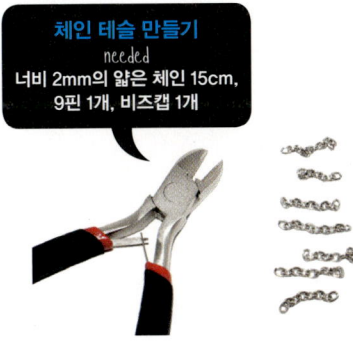

2mm 너비의 얇은 체인을 2~3cm씩 잘라줍니다.

2

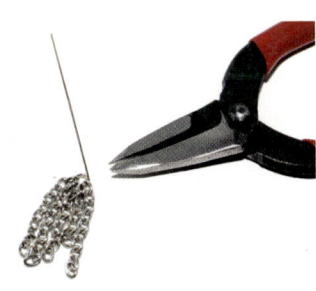

9핀의 링 부분 끝을 살짝 벌려 체인을 모두 연결합니다.

3

9핀에 비즈캡을 통과시킵니다.

4

남은 9핀의 끝 부분을 조금 잘라낸 뒤 9자말이로 동그랗게 말아 고리를 만들어줍니다.
9자말이 사용법은 p.28 참조.

피규어 펜던트 만들기

needed
플라스틱 또는 합성 고무 재질의 다양한 피규어 또는 펜던트, 고리 달린 나사못

1

펜던트로 만들어 줄 피규어의 꼭대기 부분에 고리 나사못을 돌려 박아줍니다. 힘이 조금 들어가야 하니, 다치지 않도록 주의하세요.

2

적당히 나사못을 고정하여 고리가 만들어지면 완성입니다. 다양한 피규어 아이템이나 펜던트로 사용할 수 있어요.

D I Y

BRACELET

허전한 손목을 채울 준비 되셨나요?
실로 땋고, 체인과 엮고, 스터드를 달고, 나의 스토리가 담긴 펜던트를 모아 팔찌를 만들어 보세요.
서로 다른 스타일로 믹스 레이어드도 해 보고, 좋아하는 옷과 잘 어울리도록 스타일링 해보세요.

BRACELET

기본 레이어드 실팔찌

뚫거나 엮지 않고 돌돌 말아 컬러풀하게 만들어 본 기본 실팔찌예요.
조합이 좋은 네다섯 가지 컬러의 자수실로 돌돌 감아 만드는, 정말 간단한 팔찌입니다.
마감 장식한 빈티지 버튼이 포인트입니다.

NEEDED

재료 – 3mm 두께의 면 왁스코드 60cm, 고리 단추 1개
(고리 사이즈 5mm, 단추 지름 10mm),
다섯 가지 컬러 자수실 각 30cm
도구 – 순간접착제, 가위

HANDMADE RECIPE

1

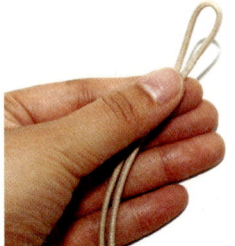

면 왁스코드를 반으로 접어 고리를 만듭니다.

2

두 줄을 한꺼번에 잡고 매듭을 만드세요.

3

마감 장식 10mm 고리단추가 들어갈 만큼 남기고 매듭짓습니다.

4

자수실의 끝을 매듭의 반대쪽으로 향하게 한 뒤 면 왁스코드와 실을 함께 잡고 감아줍니다.

5

4cm 정도의 길이로 촘촘히 감고, 자수실을 약 1cm 정도 남기고 가위로 잘라냅니다.

6

먼저 감은 실의 남은 부분을 다음 컬러의 실과 함께 잡고 감습니다. 접착제로 고정한 뒤 이어서 감으면 더욱 튼튼하게 고정됩니다.

7

같은 방법으로 다섯 컬러의 실을 감아주었어요. 감은 자수실의 길이는 5cm, 2cm 등으로 조절하여 배색하는데 약 14cm가 될 때까지 감습니다.

8

남은 실을 잘라서 두 번 정도 매듭지은 뒤 매듭의 여분을 바짝 잘라내고 순간접착제로 고정합니다.

9

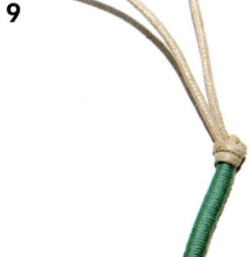

면 왁스코드 2줄을 함께 매듭짓습니다. 매듭 과정 중에 서로 엇갈리지 않도록 매듭을 잘 만들어주세요.

10

한 줄에 단추를 끼우고 두 줄을 한 번 더 매듭짓는데, 처음 매듭과 1cm 정도 여분을 주세요. 매듭에서 1cm 정도 남기고 끈의 끝부분을 가위로 잘라주세요.

11

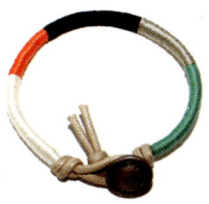

컬러풀한 기본 레이어드 실팔찌가 완성되었습니다.

BRACELET

02

큐빅 레이어드 실팔찌

팔찌가 끊어질 때까지 하고 다니면 소원이 이루어진다는 실팔찌예요.
큐빅줄에 희망, 소원, 사랑의 의미를 담아 자수실을 돌돌 감아 팔찌를 만들었어요.
어떤 방법으로 엮고, 매듭짓고, 연결하든 그 소원, 꼭 이루어질 거예요.

NEEDED

재료 - 두께 4mm의 도톰한 면 왁스코드 80cm, 컬러 자수실, O링, 라벨 펜던트,
고리 단추 1개(고리 사이즈 5mm, 단추 지름 20mm), 큐빅줄 12cm

도구 - 테이프, 가위, O링 반지, 펜치, 순간접착제

HANDMADE RECIPE

1

면 왁스코드의 가운데를 접어 고리를 만들어 매듭지어 주세요. 고리의 크기는 마감할 고리단추가 쉽게 통과할 수 있어야 해요.

2

자수실을 매듭 바로 아래부터 돌돌 감아줍니다. 시작 부분을 세로로 잡고 그 위로 돌돌 감아내려가며 고정시켜주면 접착제가 필요 없어요.

3

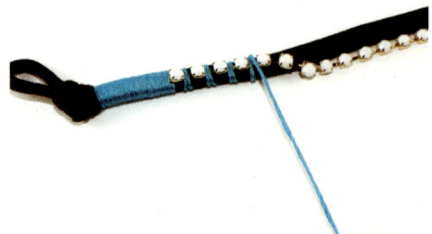

1cm 정도 감은 후 12cm 정도 길이의 큐빅줄과 함께 감아줍니다. 감을 때 실이 조금 얇다 싶으면 큐빅과 큐빅 사이를 두 번 감아 채워줍니다.

4

길이가 14cm 정도 될 때까지 감아줍니다.

5

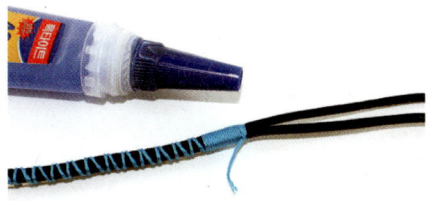

실 끝 부분은 두세 번 매듭짓고 순간접착제를 1방울 떨어뜨려 고정합니다.

6

매듭 끝 남은 실을 잘라낸 뒤 실 매듭을 가리면서 왁스 코드를 매듭짓습니다.

7

왁스코드 두 줄 중 한 줄에 고리 단추를 끼웁니다.

8

두 줄을 한꺼번에 매듭짓고 남은 부분은 잘라냅니다.

9

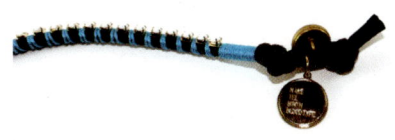

고리 단추가 없는 쪽 줄에 O링을 이용해 라벨 펜던트를 답니다. O링 연결하기 p.27 참조. 두께와 큐빅 종류를 다르게 하여 다양하게 만들어 보세요.

BRACELET

구슬 레이어드 실팔찌

큐빅줄 대신 군번줄에 파란색 자수실을 돌돌 감아
구슬 레이어드 실팔찌를 만들었어요.
기본 감기로 쉽게 만들 수 있는 레이어드 실팔찌입니다.
남녀 모두 착용 가능한 유니섹스 스타일이에요.

NEEDED

재료 - 면 왁스코드 80cm, 컬러 자수실, 라벨 펜던트 1개,
      O링 1개, 군번줄 13cm, 고리 단추 1개(고리 사이즈
      5mm, 단추 지름 20mm)
도구 - 가위, 순간접착제, O링 반지, 펜치

HANDMADE RECIPE

1

약 80cm 정도의 길이로 잘라낸 면 왁스코드를 반으로 접어 매듭을 만듭니다. 고리 크기는 단추의 사이즈에 맞춰주세요.

2

자수실의 끝 부분에 접착제를 발라 면 왁스코드에 붙인 뒤 붙인 부분이 보이지 않도록 숨기며 자수실을 감아줍니다.

3

1cm 정도 감은 후 군번줄과 함께 감아줍니다.

4

길이가 14cm 정도가 되면, 1cm 정도 실만 감은 뒤 매듭짓고, 매듭 부분을 순간접착제로 붙입니다.

5

매듭 후 남은 실은 면 왁스코드를 매듭지을 때 함께 넣어 묶은 뒤 가위로 잘라냅니다.

6

왁스코드의 두 줄 중 한 줄에 고리단추를 끼운 뒤 두 줄을 한꺼번에 매듭짓고, 남은 부분은 잘라냅니다.

7

레이어드 구슬 팔찌가 완성된 모습입니다.

8

완성도를 높이고 싶다면 O링과 라벨 펜던트를 고리 부분의 매듭에 연결하여 장식합니다. O링 연결하기 p.27 참조.

9

레이어드 구슬 팔찌의 완성된 모습입니다. 자수실의 컬러를 다르게 하거나 구슬 크기가 다른 군번줄로 다양하게 만들어 기본 팔찌로 활용해 보세요.

BRACELET

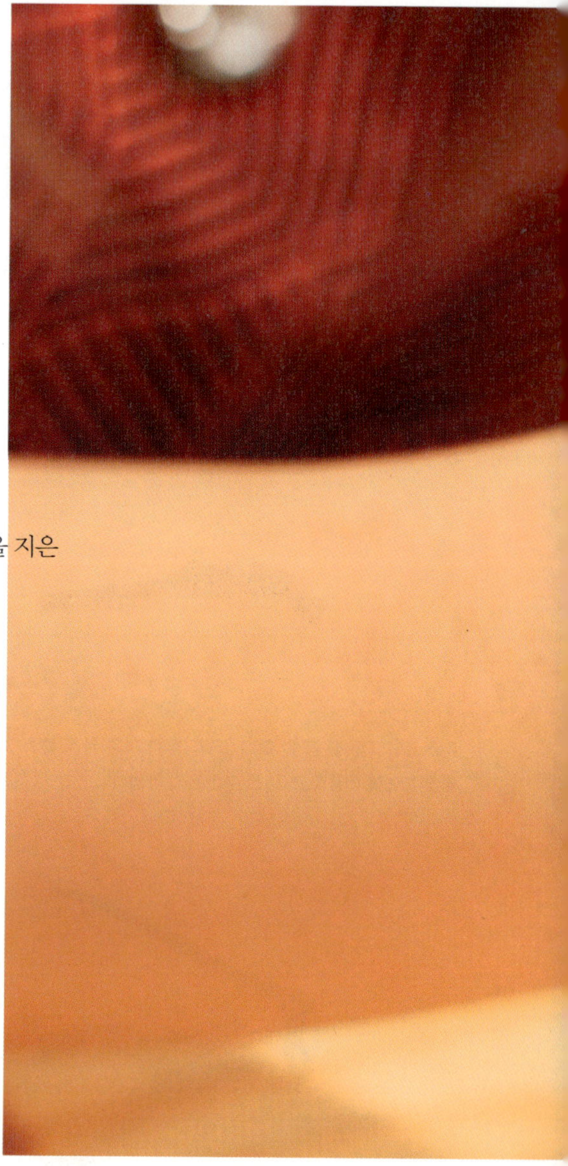

닻 모양 앵커 장식 평매듭 팔찌

평매듭으로 간단하게 만드는 팔찌예요.
등산화 끈으로 사용되는 파라코드로 평매듭을 지은
투박하지만 빈티지한 멋이 있어
남성용으로도 인기가 좋은 매듭 팔찌랍니다.

NEEDED

- 재료 - 등산화 끈 또는 도톰한 끈 약 2m(각 40cm, 1m의
  길이로 넉넉히 커팅), 닻 모양 앵커 장식 5mm,
  O링 4~5개
- 도구 - 가위, 라이터, 마스킹테이프 또는 집게 등
  고정 가능한 것

HANDMADE RECIPE

1

40cm 길이의 끈을 반으로 접어 고리 부분을 마스킹테이프로 움직이지 않게 고정하고, 2m 길이의 끈 가운데 부분을 40cm 길이의 끈 아래에 놓습니다.

2

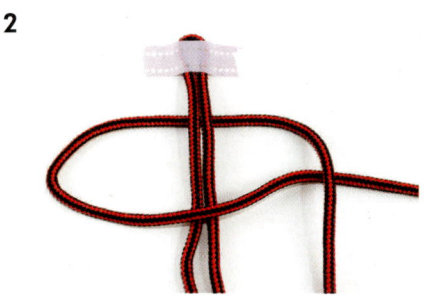

가운데 끈은 고정한 그대로 두고 아래 끈의 왼쪽 끝을 가운데 끈의 위로 지나가 오른쪽으로 놓고, 오른쪽 끝이 왼쪽 끈의 위에 오도록 합니다.

3

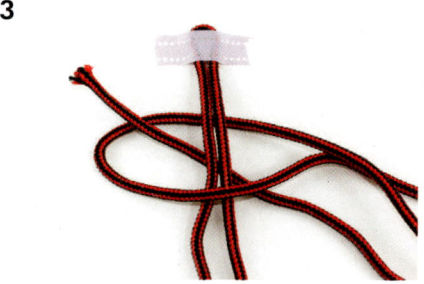

오른쪽 위에 놓여진 끈을 가운데 놓인 끈의 아래쪽으로 통과해 둥근 고리의 위쪽으로 오도록 합니다.

4

끈의 양쪽 끝을 잡고 끝까지 당기면 사진처럼 매듭이 생깁니다. 테이프로 고정시킨 끝 부분 고리는 1.5~2cm 정도가 적당합니다.

5

반대쪽도 같은 방법으로 진행합니다. 이번에는 오른쪽 끈이 가운데 끈의 위로 지나가 왼쪽으로 보내고, 왼쪽 끈을 그 위로 놓습니다.

6

위에 놓아 둔 왼쪽 끈을 가운데 끈의 아래로 지나가게 한 다음 오른쪽 고리의 위쪽으로 당겨 매듭을 만들어줍니다.

7

두 가지의 매듭 법을 반복하면 평매듭 모양이 완성됩니다. 팔목에 둘러 적당한 길이가 될 때까지 평매듭을 만들어줍니다.

8

적당한 길이가 되면 마지막 매듭 2개 정도를 약간 느슨하게 만들어 가운데 두 줄을 고리에 끼워 고정합니다.

9

끝 부분을 잘라내고 라이터로 그슬려 올이 풀리지 않도록 합니다. 매듭이기 때문에 그냥 놔두어도 고정이 되지만, 더 단단하게 고정하고 싶다면 순간접착제를 살짝 바르세요.

10

뒤집으면 끝부분에 고리가 만들어진 것을 볼 수 있습니다. O링으로 닻 모양 앵커 장식을 달아줍니다. 평매듭의 길이가 모자라다면 O링으로 체인을 만들어 길이를 조절할 수 있습니다. O링 연결하기 p.27 참조.

닻 모양 앵커 장식 평매듭 팔찌 완성!

BRACELET

05

버클 장식 평매듭 팔찌

등산화 끈 외에도 일반 운동화 끈이나 도톰한 끈으로 매듭 팔찌를 만들 수 있어요.
색다른 느낌으로 디자인할 수 있는 평매듭 팔찌입니다.

NEEDED

재료 - 등산화 끈 또는 도톰한 끈 약 2m (각 40cm, 1m의 길이로 넉넉히 커팅), 버클 장식
도구 - 가위, 라이터, 마스킹테이프 또는 집게 등 고정 가능한 것

HANDMADE RECIPE

1

40cm 끈을 반으로 접어 고리를 버클 장식의 한쪽 고리에 통과시켜 끝 두 가닥을 고리 안으로 넣습니다.

2

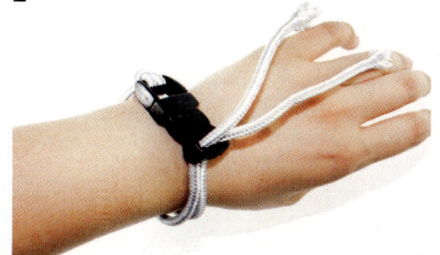

버클을 채운 채로 팔목에 둘러 끈의 끝 부분을 버클의 반대쪽 고리에 통과시킵니다. 팔찌로 적당한 길이를 잽니다.

3

길이를 잰 상태에서 그대로 버클을 풀어줍니다.

4

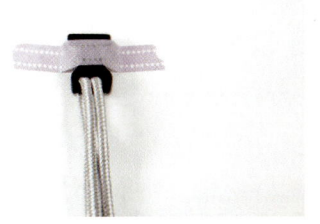

네 줄이 된 쪽 버클을 테이프로 고정시킵니다.

5

p.60~61을 참조하여 평매듭법으로 매듭짓습니다.

BRACELET

얇은 평매듭 팔찌

양쪽에 고리가 달린 펜던트 장식은 얇은 끈으로 평매듭 팔찌를 만들어 심플한 레이어드용 팔찌로 활용할 수 있어요. 끈의 컬러와 펜던트 장식을 달리하여 다양한 스타일로 응용해보세요.

NEEDED

재료 - 두께 2mm 미만의 얇은 끈 2.5m (20cm, 30cm, 30cm, 70cm, 70cm 길이로 넉넉히 커팅), 양쪽에 고리가 달린 펜던트 장식 1개

도구 - 가위, 순간접착제, 테이프

HANDMADE RECIPE

1

펜던트의 양쪽 고리에 각각 30cm의 줄을 연결하여 두 줄씩 되도록 만든 뒤 양쪽 모두 테이프로 고정합니다.

2

각각 70cm 길이의 끈을 이용하여 양쪽에 5~6cm 정도의 길이로 평매듭 지어줍니다. p.60~61 평매듭법 참조.

3

매듭짓던 끈의 남은 부분을 모두 잘라낸 뒤 순간접착제로 풀리지 않도록 고정합니다.

4

가운데 2줄의 남은 부분을 그림처럼 교차시킨 뒤 20cm의 끈으로 평매듭을 3~4개 정도 만들어줍니다. 길이조절 가능한 평매듭 p.40 참조.

5

매듭지은 끈을 잘라내고 접착제로 마무리한 뒤 두 줄씩 남은 양쪽 끈 끝 부분을 각각 매듭지어주면 완성입니다.

BRACELET

큐빅 포인트 매듭 실팔찌

심플한 매듭 팔찌에 보석 느낌의 버튼 하나로 포인트를 준 실팔찌입니다.
고급스럽게 디자인된 버튼은 심플하면서도 블링블링한 매력이 있어
다른 팔찌와 함께 레이어드 스타일로 연출하기 좋습니다.

NEEDED

재료 - 2mm 두께의 면끈 3m, 고리 단추 1개
       (고리 사이즈 5mm, 단추 지름 20mm)
도구 - 가위, 순간접착제

HANDMADE RECIPE

면끈은 1m 2줄, 25cm 1줄로 잘라서 준비합니다. 1m의 긴 면끈 두 줄을 버튼의 고리에 양쪽으로 끼웁니다.

한쪽 줄 부분을 테이프 또는 집게로 고정합니다.

왼쪽 줄은 15cm로 기둥처럼 고정하고 오른쪽 줄을 기둥 줄에 감아 생긴 고리에 통과시켜 매듭을 만듭니다.

같은 방법으로 매듭을 지어 내려오면 자연스럽게 스크류가 생깁니다.

5

손목 둘레의 반 정도 길이가 되었을 때 끝 부분에 매듭짓습니다.

6

반대쪽도 같은 방법으로 손목 둘레의 반 정도 길이로 맞춘 후, 매듭짓습니다.

7

남은 4줄을 사진과 같이 포갭니다.

8

가운데 부분에 25cm 면끈으로 평매듭을 6번 정도 만들어준 뒤, 끝 부분은 순간접착제를 바르고 잘라내어 마무리합니다. 길이 조절 가능한 평매듭 p.40 참조.

9

나머지 4줄의 끝 부분은 하나씩 매듭짓습니다.

10

간단한 매듭팔찌가 완성된 모습입니다.

BRACELET

반짝반짝 빛나는 미산가 실팔찌

실을 엮어서 패턴을 만들고, 우정을 담는 소원팔찌인 미산가 팔찌.
큐빅과 함께 약간의 응용으로 디자인을 더해주면
레이어드할 때 반짝반짝 빛나는 아이템이 될 거예요.

NEEDED

재료 - 여섯 가지 컬러의 자수실 각 70cm, 테이프,
    큐빅줄, 5mm O링 2개, 랍스터 고리 세트,
    마감 집게 2개
도구 - 가위, 펜치, O링 반지, 바늘, 실

HANDMADE RECIPE

1

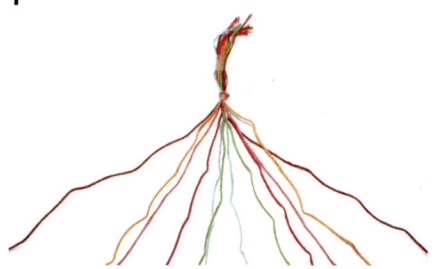

여섯 가지 컬러의 실을 한쪽 끝을 묶은 뒤 사진처럼 컬러가 오른쪽에서 가운데, 왼쪽에서 가운데 순으로 대칭이 되도록 놓습니다.

2

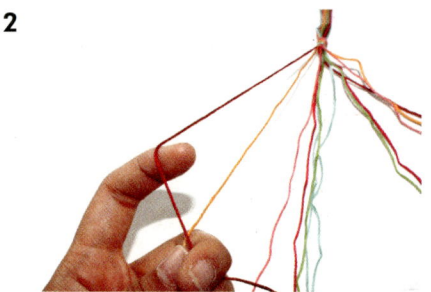

왼쪽 맨 끝의 실을 잡아 두 번째 실의 위쪽으로 넘겨줍니다.

3

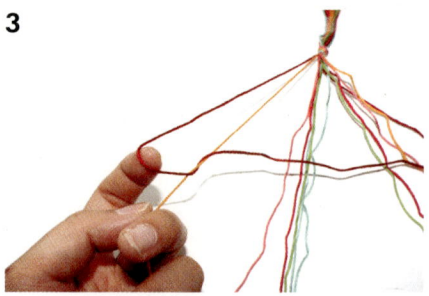

첫 번째 실을 두 번째 실의 위쪽에 놓은 상태에서 휘감아 사진처럼 만들어 줍니다.

4

첫 번째 실을 위쪽으로 당기면 매듭이 생깁니다.

5

같은 방법으로 첫 번째 실로 세 번째 실을 휘감아 매듭 짓고, 다시 첫 번째 실로 네 번째 실을 휘감아 매듭지어 가운데 오게 하고, 반대쪽도 같은 방법으로 오른쪽 맨 끝 실이 가운데로 오도록 만들어줍니다.

6

양쪽 맨 끝의 실이 가운데로 오게 되면 같은 방법으로 왼쪽 실을 오른쪽 실에 휘감아 위쪽으로 당겨 매듭을 만들어줍니다.

7

반복하면 사진처럼 패턴이 생깁니다. 매듭을 지을 때 너무 당기거나 너무 느슨하지 않게 일정한 강도로 묶어주면 매듭 모양이 균등하게 나옵니다.

8

적당한 손목둘레의 길이가 되도록 매듭을 만들어줍니다.

9

남은 실 부분의 끝을 묶어줍니다.

10

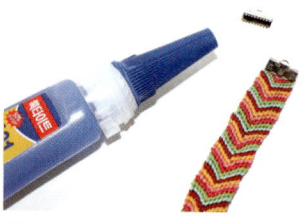

매듭을 잘라내기 전 순간접착제로 살짝 고정한 뒤, 가위로 끝 부분을 일자로 잘라내고 마감 집게로 고정합니다. 마감 집게 고정하기 p.33 참조.

11

양쪽 모두 집게로 고정이 되었으면, 실과 바늘, 그리고 큐빅줄을 준비합니다.

12

실의 시작 매듭 부분을 팔찌의 앞쪽으로 오게 하고, 큐빅줄을 통과하여 처음 실의 시작 부분을 팔찌의 앞면에서 매듭짓습니다.

13

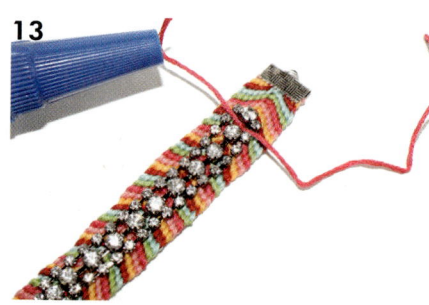

매듭 부분에 순간접착제를 발라 고정합니다.

14

매듭의 끝을 가위로 바짝 잘라내고, 매듭을 가리기 위해 같은 위치에서 한번 더 실을 통과하여 감아 꿰맵니다.

15

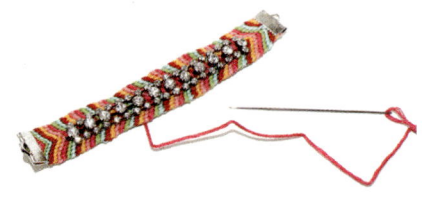

실로 큐빅줄을 감아 내려가며 꿰맵니다.

16

끝부분에서는 실을 꿰매어 고정하기 전 고리를 만들고 바늘을 통과시켜 매듭을 짓습니다.

17

같은 방법으로 위쪽에서 매듭을 짓고 접착제로 고정 후 가위로 잘라낸 다음 한번 더 꿰매어 매듭을 가려줍니다.

18

남은 실을 잘라내면 깔끔하게 완성됩니다.

19

끝부분에 랍스터 고리 세트를 달아줍니다. 랍스터 고리 연결하기 p.35 참조.

20

남은 실로 테슬을 만들어 끝부분에 달아주었습니다.
실 테슬 만들기 p.42 참조.

반짝반짝 빛나는
미산과 실팔찌 완성!

BRACELET

믹스 스타일 원석 팔찌

스타일리시한 멋을 살릴 수 있는 믹스 스타일 원석 팔찌는
프렌치 스타일 남성 정장에도 잘 어울려 커플 룩 연출에도 좋아요.

NEEDED

재료 - 다양한 컬러와 소재의 원석 구슬, 메탈 펜던트, 큐빅 구슬, 우레탄 줄
도구 - 가위, 순간접착제

HANDMADE RECIPE

1

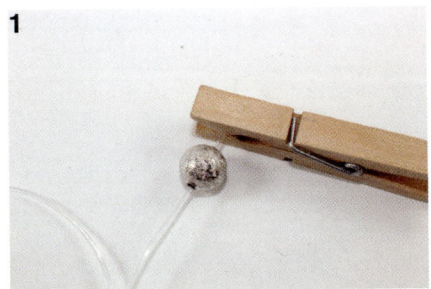

줄의 한쪽 끝을 집게로 고정시킨 후, 우레탄 줄에 구슬을 끼웁니다.

2

원석 구슬과 큐빅 구슬, 메탈 펜던트를 다양하게 섞어서 끼웁니다. 메탈 펜던트의 수가 적다면, 가운데 부분에 몰아서 배치해 포인트를 주세요.

3

팔목 길이를 재가며 구슬을 꿰어준 후, 우레탄 줄을 매듭지어 마감합니다. 순간접착제를 매듭 부분에 한두 방울 떨어뜨린 뒤 가위로 짧게 자릅니다.

4

메탈 펜던트를 많이 넣으면 어떤 각도에서 보아도 포인트가 살아있어 멋스러워요.

믹스스타일 원석팔찌 완성!

BRACELET

10

빈티지 단추와 크롬 구슬 팔찌

볼륨감 넘치면서 디테일이 살아있는 빈티지 단추들을 손목에 살포시 얹어보세요.
잘 늘어나는 우레탄 줄로 만들어 착용이 간편해 편하게 매치할 수 있어요.

NEEDED

재료 - 빈티지 단추, 크롬 느낌의 구슬, O링, 손바닥 모양 골드 메탈 펜던트
도구 - 우레탄 줄, O링 반지, 펜치, 가위, 순간접착제

HANDMADE RECIPE

1

단추 1개, 크롬 구슬 2개 순서로 우레탄 줄에 끼웁니다. 손목 둘레에 적당한 길이로 잘 맞추어가며 같은 순서로 끼우세요.

2

단추와 크롬 구슬의 크기를 비교하여 단추 사이의 크롬구슬 개수를 조절해도 좋아요. 단추가 크다면 단추 1개에 크롬 구슬 3개, 단추가 작다면 단추 1개에 크롬 구슬 1개씩 끼워주세요.

3

우레탄 줄의 끝을 묶어 매듭에 순간접착제를 한 방울 떨어뜨려 주세요.

4

손바닥 모양의 펜던트를 O링에 연결합니다.
O링과 O링 반지 사용법 p.26 참조.

5

착용했을 때 앞쪽이 되었으면 하는 예쁜 단추 옆의 구슬 사이에 O링을 달아 펜던트를 달면 완성입니다.

BRACELET

11

스위트 캔디 팔찌

달콤한 컬러의 젬스톤으로 캔디 느낌 팔찌를 만들었어요.
오늘 하루를 스위트하게 보내고 싶은 당신께 추천합니다.

NEEDED

재료 - 컬러감 있는 믹스 젬스톤 2종류(10mm, 7mm),
다양한 모양과 컬러의 펜던트 3~4개, 헥사곤 너트 1개, O링 3~4개
도구 - 우레탄 줄, O링 반지, 펜치, 가위, 순간접착제

HANDMADE RECIPE

1

두 종류의 젬스톤을 1개씩 번갈아 우레탄 줄에 끼웁니다.

2

6개 정도 끼운 후 헥사곤 너트, 젬스톤, 포인트 펜던트, 젬스톤 2개, 펜던트 순서로 끼웁니다. 각 펜던트의 위치가 가운데 포인트 펜던트를 중심으로 비대칭이어야 더 예쁘다는 점, 기억하세요.

3

손목에 대보고 적당한 길이가 되면 우레탄 줄을 묶어 매듭에 순간접착제를 한 방울 떨어뜨려 고정한 후 끝을 잘라냅니다.

4

고리 펜던트는 O링 반지를 사용해 O링에 연결해 팔찌에 답니다. O링과 O링 반지 사용법 p.26 참조.

5

O링으로 연결한 펜던트의 위치 역시 언밸런스하게 마무리하면 완성입니다.

BRACELET

12

골드 체인 구슬 팔찌

질감이 독특한 골드 구슬과 골드 체인을 믹스해 팔찌를 만들었어요.
구슬을 탄성 우레탄줄에 꿰어 만들어 착용이 쉽고, 손이 자주 가는 아이템이 될 거예요.

NEEDED

재료 - 볼드 체인 약 10cm, 5mm O링 3개, 테슬 1개, 펜던트 1개,
큐빅 볼 1개, 7mm 샌딩 구슬 5개, 고리 달린 마감 볼 2개, 9핀 1개
도구 - 우레탄 줄, O링 반지, 펜치, 가위, 9자말이

HANDMADE RECIPE

1

우레탄 줄의 한쪽 끝을 고리 달린 마감 볼로 고정해줍니다. 고리 달린 마감 볼 사용하기 p.36 참조.

2

구슬을 적당한 길이로 꿰어준 뒤 마감 볼을 이용하여 반대쪽 끝도 마감하고 큐빅볼에 9핀을 통과시켜 9자 말이를 이용하여 동그랗게 고리모양으로 말아줍니다. T핀, 9핀, 9자말이 사용 법 p.28 참조.

3

구슬을 끼운 줄의 마감 볼과 볼드 체인을 5mm O링으로 연결합니다.

4

구슬을 끼운 줄의 끝 부분의 고리와 테슬, 큐빅볼, 펜던트를 모두 한 개의 O링에 연결합니다. 실 테슬 만들기 p.42 참조.

5

큐빅볼의 한쪽 끝 고리를 반대쪽 체인 부분에 O링으로 연결하면 완성입니다. 우레탄 줄은 탄성이 있기 때문에 자유자재로 늘어나 착용하기가 편리합니다.

BRACELET

13

골드 체인 큐빅볼 팔찌

반짝이는 골드 체인과 큐빅볼을 엮어 만든 팔찌예요.
블링블링한 큐빅볼과 골드 체인을 믹스한 뒤 예쁜 참장식을 달아 깜찍함을 더했습니다.

NEEDED

재료 - 골드 체인 7cm, 큐빅볼 3개, 9핀 3개, O링 10개, 참장식과 라벨 펜던트, 랍스터 고리 세트
도구 - O링 반지, 니퍼, 펜치, 9자말이

HANDMADE RECIPE

1

9핀을 큐빅볼에 통과시킨 뒤 나머지 한 쪽도 9자말이를 이용해 고리를 만듭니다. 9핀이 없으면 T핀의 끝을 잘라내어 일자 핀으로 만든 뒤, 9자말이를 이용하여 한쪽 끝을 말아 9핀으로 만들면 됩니다.

2

같은 방법으로 큐빅볼 3개를 작업한 후 고리를 서로 연결해줍니다. T핀, 9핀, 9자말이 사용법 p.28 참조.

3

연결한 큐빅볼을 O링으로 체인과 연결한 후 중간 부분에 포인트 펜던트를 달아줍니다.

4

한쪽에 랍스터 고리를 달고 다른쪽에 O링을 체인처럼 연결해 라벨 펜던트를 달아요. O링 연결하기 p.27 참조.

골드 체인 큐빅볼 팔찌 완성

BRACELET

걸리시 체인 실팔찌

볼드한 체인에 자수실로 세줄땋기해 걸리시한 팔찌를 만들었어요.
패션 블로거들의 스트리트 스타일 레이어드 팔찌에
자주 등장하는 인기 만점 아이템입니다.
실과 체인의 컬러를 다양하게 조합해 여러 분위기를 연출해 보세요.

NEEDED

재료 – 세 가지 색상 자수실 각 1타래, 볼드 체인 14cm,
토글 바 세트, O링 3~4개

도구 – 니퍼, 펜치, 가위, 실핀, 마스킹테이프 또는
고정할 집게

HANDMADE RECIPE

1

체인을 14cm 정도 자르고, 실은 체인의 약 2배 길이로 잘라 준비합니다. 굵은 체인 커팅하기 p.38 참조.

2

세 가지 컬러의 실을 준비한 뒤 한쪽 끝을 모두 묶어 매듭짓습니다.

3

마스킹테이프 또는 집게로 실을 고정한 뒤, 실핀으로 실을 잡아 체인 구멍으로 통과시킵니다. 실이 작은 구멍을 통과해야 하므로 바늘 대신 실핀을 걸어 사용하면 편리해요.

4

세줄땋기를 합니다.

5

체인과 엮이도록 세줄땋기 하면서 한줄씩 계속 체인의 구멍을 통과시킵니다.

6

체인을 통과한 실의 컬러가 순서대로인지 확인하며 계속 세줄땋기합니다.

7

체인의 끝까지 세줄땋기가 완료되면 끝 부분을 매듭 짓습니다.

8

실의 남은 양쪽 끝을 가위로 깔끔하게 잘라냅니다.

9

체인의 양쪽 끝을 O링으로 연결합니다.
O링 연결하기 p.27 참조.

10

토글 바의 바 부분에 O링을 2개 이상 연결해야 쉽게 팔찌를 착용할 수 있어요. O링의 개수로 팔찌의 길이 조절도 가능합니다. 토글 바 연결하기 p.37 참조.

11

걸리시 체인 실팔찌가 완성된 모습입니다.

BRACELET

15

큐빅줄을 더한 체인 실팔찌

체인 실팔찌에 볼드한 큐빅줄을 달아 레이어드 스타일링한 뱅글 느낌을 살려 보았어요.
컬러가 돋보이는 믹스 실을 엮은 체인 팔찌에 볼드한 큐빅줄을 함께 감은 믹스 스타일입니다.

NEEDED

재료 - 여러 가지 색상 자수실 3타래의 양, 볼드 체인 14cm, 큐빅줄 14cm, 토글 바, O링 6개

*자수실 1타래는 실을 23cm의 길이로 25~30겹 정도 감아준 양입니다.
*3줄땋기를 하기 위한 자수실의 양은 23cm의 길이로 25겹X3만큼 필요합니다.

도구 - 가위, 펜치, 실핀, 바늘, O링 반지, 순간접착제

HANDMADE RECIPE

1

컬러 자수실을 믹스하여 23cm 길이로 잘라 끝을 매듭짓습니다.

2

실의 매듭 부분을 테이프 또는 집게로 고정한 뒤, p.88~89를 참조하여 체인과 함께 세줄땋기합니다.

3

체인 끝까지 세줄땋기를 완료한 뒤, 끝 부분을 매듭 짓습니다.

4

자수실을 엮지 않은 체인의 반대쪽에 자수실과 바늘을 이용해 큐빅줄을 달아줄 거예요. 실핀을 바늘처럼 사용하여 작업합니다.

5

큐빅줄 감아 줄 실을 체인의 한쪽 끝에 매듭지어 순간 접착제로 체인에 살짝 붙이고 매듭의 끝 부분을 깔끔 하게 잘라냅니다.

6

접착제로 고정시킨 매듭 부분이 바깥쪽에서 보이지 않도록 큐빅줄로 가려주고, 체인과 함께 큐빅줄을 감아 내려갑니다.

7

큐빅줄 끝까지 감은 뒤 매듭지어 순간접착제를 바르고 끝 부분을 잘라냅니다. 세줄땋기한 실의 양쪽 끝 부분도 깔끔하게 가위로 정리합니다.

8

체인의 끝에 O링으로 토글 바 세트를 연결합니다.
토글 바 연결하기 p.37 참조.

9

토글 바 세트의 바 부분 O링을 체인처럼 연결하여 길이를 조절합니다. 토글 바를 달때는 바 부분의 탈착이 쉽도록 O링을 2개 이상 달아주세요.

10

큐빅줄을 감은 체인 팔찌가 완성된 모습입니다.

큐빅줄을 더한 체인 실팔찌 완성!

BRACELET

체인 스터드 실팔찌

스터드는 강렬한 보색 대비를 하면 더 잘 어울려요. 자수실로 세줄땋기할 때 보색 두 컬러와
흰색 또는 검은색을 더하면 눈에 띄는 감각적인 컬러 아이템이 됩니다.

NEEDED

재료 - 세 가지 색상 자수실 1타래, 볼드 체인 14cm, 펜던트, O링, 스터드 6개
도구 - 가위, 펜치, 니퍼, O링 반지

HANDMADE RECIPE

1

체인을 14cm 길이로 잘라 준비하고, 세 가지 컬러 자수실의 끝부분을 매듭짓습니다.

2

체인과 함께 세줄땋기를 합니다. 세줄땋기할 때 체인 1개의 구멍에 실이 2번 들어가도록 하면 조금 더 촘촘히 땋은 느낌이 납니다.

3

세줄땋기가 완성되면 실의 양쪽 끝을 가위로 깔끔하게 자릅니다.

4

스터드의 나사 부분을 세줄땋기한 가운데에 넣고 고정시킵니다. 스터드의 나사를 돌릴 때 실이 한두 가닥 걸리면 나사를 조이면서 실이 끊어져 마감이 지저분해질 수 있으니 실이 말려 들어가지 않도록 주의하세요.

5

가운데부터 양쪽으로 작업하면 중간부분에 안정적으로 배치할 수 있어요.

6

체인의 양쪽 끝을 O링으로 랍스터 고리 세트와 연결합니다.

7

랍스터 고리의 체인 부분에 펜던트 2~3개를 함께 달아줍니다.

8

펜던트는 포인트 펜던트 두 개, 라벨 펜던트 1개의 조합으로 하는 것이 가장 예뻐요.

9

스터드 체인 팔찌가 완성된 모습입니다.

BRACELET

두 줄 체인 참장식 팔찌

볼드한 체인과 세줄땋기한 은사에 참장식을 달아 레이어드 스타일의 팔찌를 만들었어요. 컬러풀하고 키치한 참장식들을 더하였더니 멋진 레이어드 스타일링 완성!

NEEDED

재료 - 실버 자수실 8m, 볼드 체인 14cm, 5mm O링 8개, 3mm O링 2개, 10mm O링 2개, 랍스터 고리 세트, 참장식 6개, 10mm 마감 집게 2개

도구 - 니퍼, 펜치, O링 반지

HANDMADE RECIPE

1

실버 자수실을 35cm 정도 길이로 6겹씩 3세트를 만들어 하나의 매듭으로 묶어줍니다.

2

매듭의 끝부분을 테이프로 고정한 뒤 6겹씩 나누어 세 줄로 13cm 정도 땋아줍니다.

3

양쪽 끝을 순간접착제로 살짝 고정합니다.

4

접착제로 고정한 부분을 깔끔하게 가위로 잘라냅니다.

5

잘라낸 양쪽 끝을 마감 집게로 집어줍니다. 마감 집게 고정하기 p.33 참조.

6

세줄 땋기한 자수실에 O링을 통과시켜 참 펜던트를 달아줍니다. O링 연결하기 p. 27 참조.

7

팔찌의 가운데부터 참장식을 달아주면 장식들이 중간 부분에 잘 위치하게 됩니다.

8

3mm O링과 10mm O링을 마감 집게의 끝 부분 고리에 순서대로 달아줍니다.

9

10mm O링에 14cm 길이의 볼드 체인을 함께 연결합니다.

10

반대쪽도 같은 방법으로 연결합니다.

11

양쪽 끝 부분에 10mm O링으로 랍스터 고리 세트를 연결하면 완성입니다. 랍스터 고리 연결하기 p.35 참조.

BRACELET

18

천연 원석 체인 팔찌

매트한 골드 체인에 천연 원석을 연결해 팔찌를 만들었어요.
거친 원석은 가공한 보석보다 자연스러운 멋이 있어요.

NEEDED

재료 - 천연 원석, 골드 체인 13cm, 토글 바 세트, O링 5mm 6개, 9핀 1개
도구 - 니퍼, 펜치, O링 반지, 9자말이

HANDMADE RECIPE

1
신주 소재의 두꺼운 체인은 펜치로 벌리기 힘들어요. 니퍼로 체인의 잘린 부분을 자르듯 벌려서 분리해 13cm 길이로 준비합니다. 굵은 체인 커팅하기 p.38 참조.

2
O링을 세 개 정도 연결하여 토글바 세트의 바에 달고 체인과 연결합니다. O링을 더하거나 빼서 전체 팔찌의 길이를 조절하는데, 적어도 O링 2개 이상은 연결해야 토글바를 수월하게 사용할 수 있습니다.

3
천연 원석에 9핀을 통과시킨 뒤 반대쪽도 9자말이를 이용하여 동그랗게 말아 고리를 만들어 체인에 달아요. 9핀, 9자말이 사용법 p.28 참조.

4
원석의 다른 한쪽을 토글 바의 고리 부분과 O링으로 연결합니다.

5
천연 원석 체인팔찌가 완성된 모습입니다. 체인이 다루기 쉬운 소재라면 원석을 체인의 중간에 끼워도 예뻐요.

BRACELET

체인 비즈 레이어드 포인트 팔찌

언제나 여행가방을 싸놓고 방 한쪽에 둔다는 어떤 사람처럼,
에스닉 스타일의 비즈와 새 펜던트로 떠나고 싶은 마음을 담은
팔찌를 만들어 보았어요.
소원이 담긴 이 팔찌가 어느새 나를 데려가 줄지도 몰라요.

NEEDED

재료 – 5종류 이상의 다양한 비즈, 얇은 체인, 낚싯줄,
       고정볼, O링, 랍스터 고리 세트, 장식 펜던트 2개,
       라벨 펜던트 1개

도구 – 펜치, 니퍼, O링 반지, 순간접착제

HANDMADE RECIPE

1

낚싯줄의 한쪽 끝을 고정볼, O링의 순서로 끼웁니다.

2

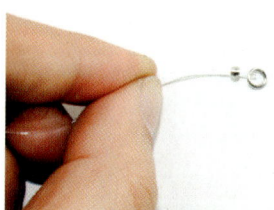

O링을 통과한 낚싯줄을 다시 고정볼에 끼워 고리를 만듭니다.

3

고정볼에 순간접착제를 1방울 떨어뜨린 뒤 펜치로 고정볼을 납작하게 눌러 낚싯줄이 빠지지 않도록 고정한 다음, 여분을 가위로 잘라냅니다.

4

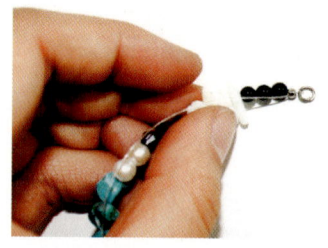

한쪽 끝을 고정한 낚싯줄에 비즈를 3, 4, 5개 등의 순서로 믹스하여 끼웁니다.

5

비즈를 끼운 줄은 팔찌의 길이를 좌우하므로 만들고자 하는 팔찌의 길이를 생각하여 약 13~14cm정도의 길이로 마감합니다. 1~3번 과정처럼 고정볼과 O링으로 마감하면 비즈줄 완성.

6

비즈줄 길이에 맞춰 체인 5줄을 니퍼로 잘라냅니다. 길이를 똑같이 맞출 필요는 없어요. 길이가 약간씩 다르면 팔찌를 착용했을 때 겹쳐지고, 늘어지는 부분이 생겨 훨씬 자연스러워요.

7

체인 5줄과 비즈줄을 모두 O링 하나에 끼웁니다.

8

양쪽 모두 작업한 모습입니다.

9

비즈와 잘 어울리는 느낌의 펜던트를 준비합니다. 마감 부분에 라벨 펜던트를 넣어주면 완성도가 높아집니다.

10

체인을 2개씩 겹쳐서 펜던트의 O링을 달아주는데요. 한쪽이 2번째 체인과 4번째 체인에 걸었다면, 나머지는 2번째 체인과 5번째 체인, 체인과 펜던트가 자연스럽게 엮이도록 만듭니다.

11

마지막으로 랍스터 고리 세트를 양쪽에 달아주고 마감 체인 부분에 라벨 펜던트까지 달아주면 완성입니다.

BRACELET

20

캐주얼 언밸런스 포인트 팔찌

화이트 로프에 상큼한 배색의 컬러 실을 감아 스트라이프 무늬를 연출하고, 체인과 땋은 줄, 그리고 포인트 펜던트를 언밸런스하게 레이어드한 팔찌입니다.

NEEDED

재료 - 네 가지 컬러의 자수실 각 50cm, 로프 26cm, 체인 13mm,
O링(10mm 2개, 5mm 3개), 마감 집게 2개, 랍스터 고리 세트, 포인트 펜던트

도구 - 니퍼, 펜치, 순간접착제, O링 반지, 가위

HANDMADE RECIPE

로프의 가운데에 O링을 끼웁니다.

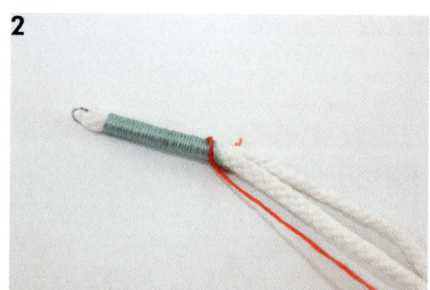

로프 2줄을 한꺼번에 실로 감아줍니다. 시작 부분의 실을 잡고 함께 돌돌 감아주며 고정시키고, 다음 컬러의 실 역시 이전 실과 함께 잡고 같이 감아줍니다. 실 컬러를 바꿀 때마다 접착제로 고정하세요.

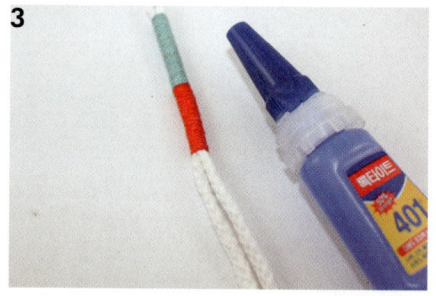

배색된 2개의 실을 다 감고 나면 묶어서 순간접착제를 발라 고정시킨 뒤 끝을 잘라내 마감합니다.

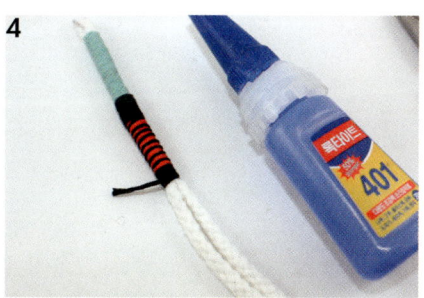

3번째 실은 2번째 컬러의 실 위에 겹쳐서 감아 내려오다가 간격을 띄워 스트라이프 무늬를 만들며 감아줍니다. 마무리는 매듭지은 뒤 접착제를 한 방울 떨어뜨려 가위로 잘라냅니다.

스트라이프 무늬가 더 길어도 상관 없습니다. 무늬를 만들 때는 간격에 주의하며 실을 감아주세요.

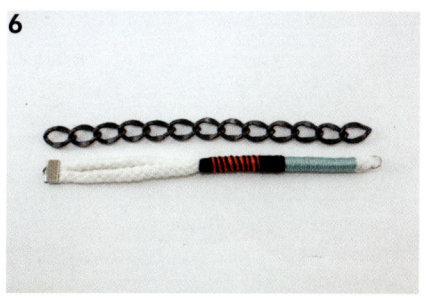

실은 중간에서 마감하고, 로프를 팔찌의 길이에 맞춘 체인과 같은 13cm의 길이로 잘라내어 마감 집게로 고정합니다.

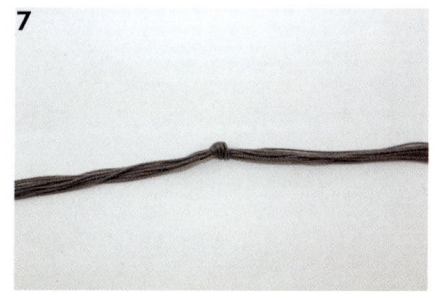

4번째 실의 중간 부분을 묶어서 매듭짓습니다.

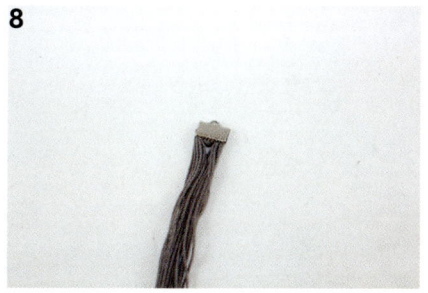

매듭 부분을 마감 집게로 집어 고정합니다.

실을 세 등분하여 세줄땋기한 뒤, 같은 컬러의 실로 끝부분을 묶고 순간접착제로 마감합니다. 땋은 실로 만든 줄의 총 길이는 팔찌 길이의 반 정도로 해주세요.

10

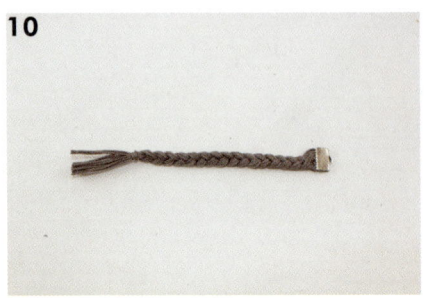

끝 부분을 가위로 다듬어줍니다.

11

체인과 로프는 같은 길이, 땋은 줄은 반 정도의 길이가 되도록 하여 언밸런스 느낌이 나도록 조절하세요.

12

땋은 줄의 마감 부분에 O링을 답니다.

13

O링에 체인과 로프를 함께 걸어줍니다.

14

체인의 중간 부분에 땋은 줄의 한쪽을 연결합니다.

15

땋은 줄은 체인의 가운데에 연결되어 있으니 반대쪽은 체인과 로프만 남게 됩니다. 두 줄을 모두 O링으로 연결하여 마무리합니다.

16

양쪽 모두를 순서에 따라 연결하면 사진과 같은 모양이 됩니다.

17

체인의 중간 땋은 줄이 연결된 부분에 포인트 펜던트를 달아주세요.

18

길이를 조절할 수 있도록 랍스터고리 세트의 체인부분을 넉넉히 연결합니다.

19

캐주얼 언밸런스 포인트 팔찌가 완성된 모습입니다.

캐주얼 언밸런스 포인트팔찌 완성!

BRACELET

21

펜던트 장식 체인 팔찌

참 팔찌는 펜던트 장식 하나하나에 의미를 부여합니다.
모양이나 보석에 나만의 이야기를 담은 참 팔찌를 만들어보는 건 어떨까요?

NEEDED

재료 - 다양한 모양의 펜던트 장식 6개, O링 10~13개, 볼드 체인 13cm, 랍스터 고리 세트
도구 - O링 반지, 펜치, 니퍼

HANDMADE RECIPE

1

펜던트에 O링을 달아 체인과 연결합니다.

2

고리가 세로로 달린 펜던트는 작은 O링을 한번 더 걸어주는 것이 좋아요. 세로로 된 펜던트는 목걸이용인데, 고리를 그대로 O링으로 연결하면 펜던트가 옆면으로 달려 착용했을 때 예쁘지 않아요.

펜던트를 같은 간격으로 O링으로 모두 연결합니다.

4

체인의 양쪽 끝에 랍스터 고리 세트를 연결해 마감합니다.

5

펜던트 장식 체인팔찌가 완성된 모습입니다. 골드와 실버 컬러를 섞어도 나름의 매력이 있으니, 소재나 컬러와 상관없이 펜던트에 의미를 담아 만들어보세요.

BRACELET

블랙 & 화이트 스터드 체인 팔찌

블랙 체인과 화이트 체인을 배색하여 이어주고, 스터드 장식을 달아 팔찌를 만들었어요.
키치와 락시크가 공존하는 느낌의 체인 팔찌입니다.

NEEDED

재료 - 같은 크기의 블랙 체인·화이트 체인 각 7cm, 고리 달린 스터드 장식 13개, O링 15개, 랍스터 고리 세트
도구 - 체인, 펜치, 니퍼, O링

HANDMADE RECIPE

1 같은 크기의 블랙 체인과 화이트 체인을 서로 연결합니다. 체인의 잘라진 틈새를 니퍼로 자르는 듯 열어주면 한결 수월하게 작업할 수 있습니다. 굵은 체인 커팅하기 p.38 참조.

2 스터드 장식에 O링을 달아 체인의 고리당 1개씩 연결합니다.

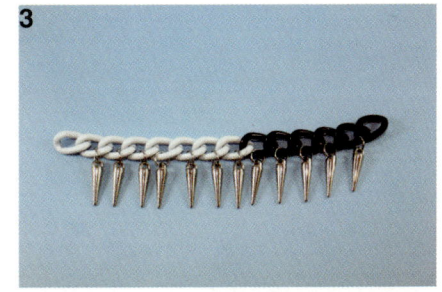

3 스터드를 체인의 고리마다 달아주면 사진과 같은 모양이 됩니다.

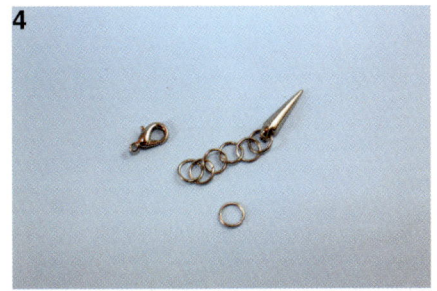

4 랍스터 고리의 체인 끝 부분에도 스터드 장식을 달아줍니다.

5 랍스터 마감 고리 세트를 체인의 양 끝과 O링으로 연결하면 완성입니다.

BRACELET

23

패브릭 체인 팔찌

스카프 소재의 패브릭과 체인을 세줄땋기로 엮은 여성스러운 팔찌입니다.
간단하고 쉽게 만들 수 있으면서도 완성도와 효과가 좋은 아이템이에요.

NEEDED

재료 – 너비 3cm 길이 23cm 정도로 잘라낸 스카프 소재의 패브릭 2장,
얇은 체인 20cm, 포인트 펜던트 2개, O링 3개, 랍스터 고리 세트
도구 – 니퍼, 펜치, O링 반지, 가위

HANDMADE RECIPE

1

스카프 소재의 패브릭을 너비 3cm, 길이 23cm 정도 2장을 잘라 겹친 후 끝 부분에 O링을 통과시킵니다.

2

O링과 함께 패브릭을 매듭지어 고정합니다.

3

매듭지어 고정한 O링을 벌려 체인을 끼웁니다.

4

체인 1줄, 패브릭 2줄로 세줄땋기를 합니다.

5

팔목 둘레 길이만큼 세줄땋기가 완성되면 끝 부분에서 체인만 빼낸 뒤 패브릭 두 장을 매듭짓습니다.

6

매듭 부분에 O링을 끼우고 체인과 연결한 뒤 나머지 체인을 잘라냅니다.

7

양쪽 끝의 O링에 랍스터 고리 세트를 달아줍니다.

8

포인트 펜던트와 O링을 준비합니다.

9

패브릭 체인 팔찌의 가운데 부분에 펜던트를 달아주면 완성입니다.

BRACELET

토이 펜던트 가죽 팔찌

가죽 끈에 재미난 장난감 모양의 펜던트를 붙여 팔찌를 만들었습니다.
동심으로 돌아가 추억을 담은 팔찌를 만들어보세요.

NEEDED

재료 - 15mm 정도 너비의 가죽 끈 18cm(손목 둘레에 맞게 조절하세요),
귀여운 모양의 파스텔 컬러 펜던트 6개, 단추 1개
도구 - 가위, 칼, 접착제 E-6000, 실, 바늘

HANDMADE RECIPE

1

가죽 끈은 18cm 정도로 잘라서 준비하세요. 팔목을 감고 3~4cm가 남을 정도의 길이가 적당합니다. 팔목을 감고 겹쳐지는 부분이 단추 여밈 부분입니다.

2

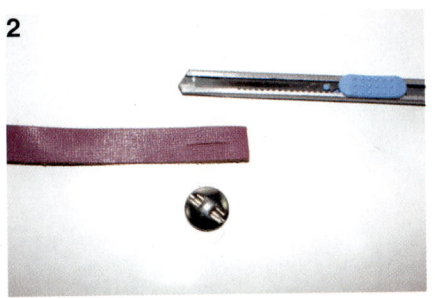

가죽 끈의 한쪽 끝에 칼집을 냅니다. 칼집은 단추가 들어갈 크기 만큼 내세요.

3

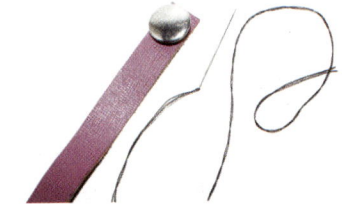

칼집을 내지 않은 반대쪽 끝에 실과 바늘을 이용하여 단추를 달아줍니다. 단추를 달 때, 실을 단추구멍에 통과시킨 뒤 마지막 매듭을 짓기 전 여러 번 감으면, 여밈이 쉽고 더욱 튼튼하게 달 수 있어요.

4

가죽끈을 펼쳐서 펜던트의 위치를 잡아준 후 접착제로 붙입니다. 중간부터 양쪽으로 붙여 나가면 비뚤어지지 않아요.

5

접착제를 충분히 발라 붙이고, 약 24시간 바람이 통하는 곳에서 잘 말려주면 완성입니다.

BRACELET

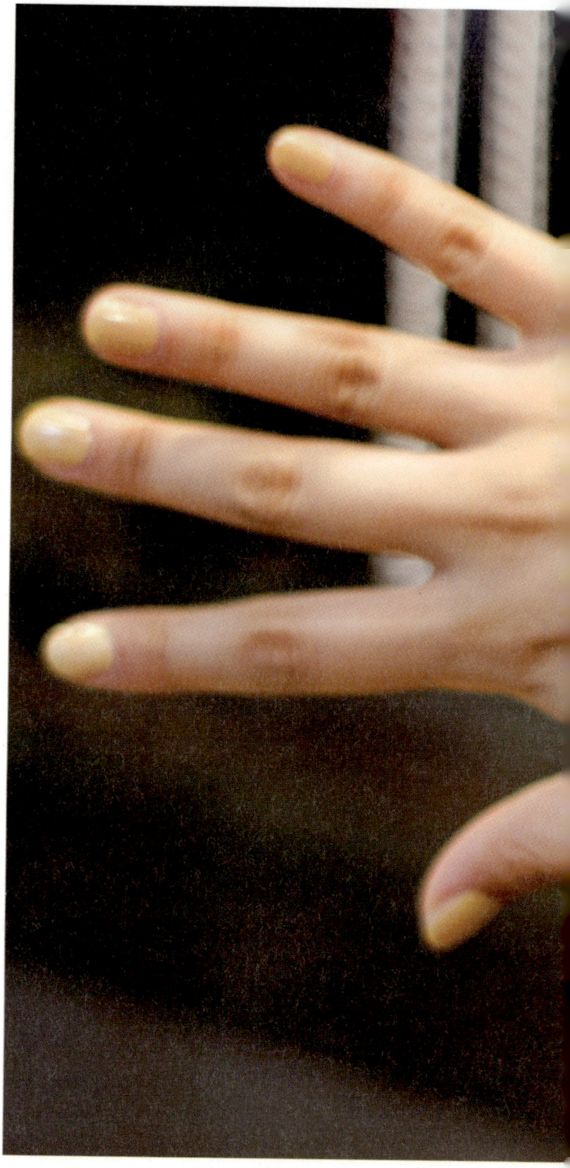

큐빅줄 가죽 팔찌

심플하면서 투박한 가죽팔찌에
여성스러움을 살짝 얹어 볼까요?
X자 형태의 화이트 코튼 실이 만들어내는
패턴은 '여자'가 되고 싶은
'소녀'의 코르셋을 연상시키기도 합니다.

NEEDED

재료 – 2cm 너비의 가죽끈 15cm, 마감 집게 2개,
        큐빅줄 13cm, 자수실 60cm, 랍스터 고리 세트,
        O링 2개
도구 – 가위, 펜치, 순간접착제

HANDMADE RECIPE

1

가죽 끈을 손목의 둘레에 맞게 15cm 길이로 자른 뒤, 실의 끝 부분을 살짝 매듭짓습니다.

2

실의 매듭 부분이 마감 집게의 안쪽으로 들어가도록 넣어준 뒤 순간 접착제를 바른 상태에서 가죽끈과 실을 함께 마감 집게로 고정합니다.

3

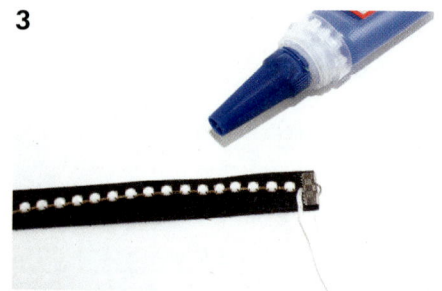

가죽 팔찌보다 조금 짧은 길이로 큐빅 줄을 잘라낸 뒤, 첫번째 큐빅을 순간접착제로 가죽 끈에 붙입니다.

4

실을 X자 모양이 되도록 큐빅과 함께 감아줍니다.

5

X자 형태로 감으면 뒷면은 사진과 같은 모양이 나옵니다.

6

실의 끝 부분은 묶지 않고 접착제를 붙인 뒤 잘라냅니다.

7

실의 끝 부분을 가려주며, 마감 집게를 닫아줍니다.

8

랍스터 고리 세트를 O링으로 연결합니다.

9

완성된 모습입니다.

BRACELET

가죽 스터드 팔찌

가죽과 스터드는 베이직한 조합으로 언제나 사랑받는 아이템입니다.
예쁜 컬러의 가죽과 골드 스터드 팔찌라면 충분히 여성스러운 느낌이 나지요.

NEEDED

재료 - 20mm 너비의 가죽 끈 15cm, 스터드 7개, 마감 집게 2개, 랍스터 고리 세트, O링 3개
도구 - 가위, 펀치, 펜치, O링 반지

HANDMADE RECIPE

1

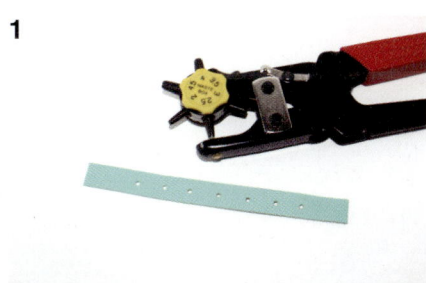

가죽 끈을 15cm 길이로 자른 다음 펀치를 이용해 동일한 간격으로 구멍을 뚫어줍니다. 구멍 크기는 스터드 나사 지름과 같은 크기가 좋고, 펀치 구멍은 가죽 끈의 중간부터 뚫어주면 중심을 맞출 수 있어요.

2

구멍에 나사 형식의 스터드를 끼워줍니다.

3

스터드를 모두 끼운 모습입니다.

4

가죽 끈의 양쪽 끝을 마감 집게로 고정합니다.

5

랍스터 고리 세트를 O링으로 연결합니다. 랍스터 고리 세트의 길이조절 체인 끝 부분에 비슷한 느낌의 스터드 펜던트를 달아주면 완성도가 높아집니다.

BRACELET

27

비즈 포인트 가죽 팔찌

넓은 가죽 끈의 가운데 부분에 포인트 컬러 실을 감고
낚싯줄을 이용해 다양한 비즈를 믹스했어요.

NEEDED

재료 - 2cm 너비의 가죽 끈 15cm, 자수실 25cm, 낚싯줄 30cm,
다양한 비즈, 마감 집게 20mm 2개, 랍스터 고리 세트, O링 3개
도구 - 가위, 펜치, 순간접착제

130
131

HANDMADE RECIPE

1

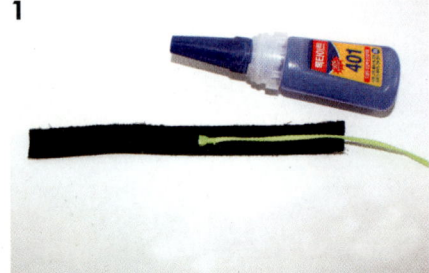

15cm 길이로 잘라낸 가죽끈의 뒷면 가운데쯤에 감아줄 자수실을 순간접착제로 끝부분만 살짝 붙여줍니다.

2

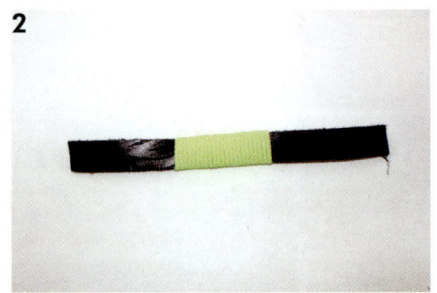

끝부분을 붙인 뒤 자수실을 촘촘하게 감고, 순간접착제로 마무리합니다.

3

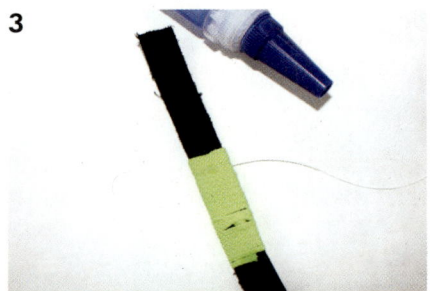

감은 자수실 위에 낚싯줄을 한 번 묶어서 만들어진 매듭에 순간접착제를 한 방울 떨어뜨려 가죽 끈의 뒷면에 고정합니다.

4

낚싯줄에 다양한 모양과 크기의 비즈를 섞어가며 끼워줍니다.

5

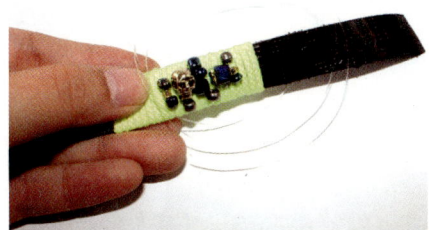

가죽 끈의 앞면에 비즈가 3~4개씩 보이도록 낚싯줄을 감아줍니다.

6

낚싯줄의 끝은 한 번 둘러 묶어준 뒤 순간접착제를 붙여 고정하는 것으로 마무리합니다.

7

비즈들이 적당히 감겨져 자리를 잡은 모습입니다.

8

가죽 끈의 양쪽 끝에 마감 집게를 펜치로 고정합니다.

9

마지막으로 집게로 고정한 양쪽 끝에 랍스터 고리 세트를 달아주면 완성입니다.

BRACELET

28

심플 가죽 이니셜 팔찌

가죽 줄에 이니셜과 큐빅 포인트만 넣어
심플한 스타일로 만든 가죽 이니셜 팔찌입니다.

NEEDED

재료 - 2cm 너비의 가죽 끈 13cm, 랍스터 고리 세트, 이니셜 펜던트, O링, 큐빅 펜던트, 마감 집게
도구 - 타공 펀치, O링 반지, 펜치

HANDMADE RECIPE

1

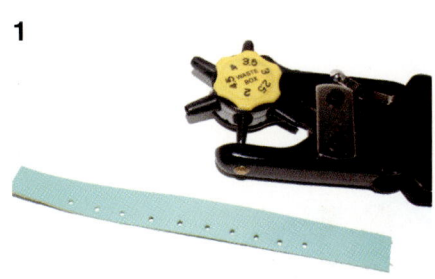

13cm 길이의 가죽 끈을 준비하여 타공펀치의 가장 작은 사이즈인 2mm로 펀칭합니다. 이니셜과 펜던트 장식의 개수만큼 뚫어주며, 간격에 유의하고, 가운데부터 양쪽으로 펀칭하세요.

2

O링과 이니셜, 펜던트들을 연결하여 펀칭한 구멍에 걸어줍니다.

3

이니셜을 모두 걸어준 모습입니다. 이름을 영문으로 작업할 경우 성과 이름을 큐빅펜던트로 나누어주면 구별하기 쉬워요.

4

가죽 띠 양쪽 끝에 너비가 같은 마감 집게를 펜치로 고정합니다. 조금 더 단단하게 고정하고 싶다면 집게를 닫기 전 접착제를 바르세요.

5

O링으로 랍스터 고리 세트를 달아줍니다. 끝 부분 체인은 O링을 연결한 체인으로 대신해도 됩니다.

BRACELET

29

심플 체인 가죽 팔찌

흰색 가죽 끈에 사각 체인을 붙여 심플한 가죽 팔찌를 만들었어요.
가죽과 체인의 미니멀한 조합이 매력적인 팔찌예요.

NEEDED

재료 - 너비 20mm의 가죽 끈 18cm, 사각 체인 15cm, 솔트레지(여밈장식)

도구 - 펀치, 접착제 E-6000, 가위, 니퍼, 커터칼

HANDMADE RECIPE

1

가죽 끈은 손목 길이보다 2cm 정도 여유를 두고 자릅니다. 끈의 한쪽 끝을 솔트레지 나사의 둘레와 같은 크기로 구멍을 뚫어 솔트레지 여밈을 나사못으로 고정합니다.

2

가죽 끈의 반대쪽 끝에 커터칼로 + 모양의 칼집을 냅니다. 솔트레지를 칼집에 끼우면 사진과 같이 여밈 장식이 완성됩니다.

3

팔찌 길이에 맞도록 잘라낸 체인을 접착제로 붙입니다.

4

접착제는 약 1분이면 굳기 시작하므로 조금씩 덜어서 사용합니다. 체인을 당겨서 붙이면 팔찌를 착용했을 때 접착이 떨어질 수 있으므로, 가죽 팔찌를 동그랗게 말아준 상태에서 붙이세요.

5

체인 가죽 팔찌가 완성된 모습입니다. 여밈 장식은 마감 집게와 랍스터 고리, 똑딱이 링스냅 등으로 할 수 있습니다.

BRACELET

30

빅볼드 큐빅 두꺼운 끈 팔찌

화사한 컬러의 두꺼운 끈과 큰 컬러 큐빅을 예쁘게 배열하여 만들었어요.
원 포인트 아이템 스타일링에 도전해 보세요.

NEEDED

재료 - 네모, 타원, 삼각형, 물방울 모양의 빅볼드 컬러 큐빅
(받침과 구멍이 있어 꿰매어 사용할 수 있는 모양), 컬러감 있는 두꺼운 끈 25cm, O링, 펠트지 또는 인조가죽
도구 - 실, 바늘, 가위, O링 반지, 펜치, 접착제 E-6000

HANDMADE RECIPE

1

두꺼운 끈을 25cm 가량 준비해 41페이지를 참고하여 길이를 조절할 수 있는 매듭을 만들고 빅볼드 컬러 큐빅을 대칭이 되도록 배열합니다.

2

끈에 큐빅을 차례대로 바느질하여 꿰맵니다. 중심되는 가운데부터 큐빅을 달면 비뚤어지지 않고 제 위치에 고정시킬 수 있습니다.

3

뒷 부분의 가운데 매듭에 O링으로 라벨 펜던트를 답니다.

4

끈 안쪽의 바느질 자국이 지저분해 보이지 않도록 펠트나 인조가죽을 붙여 깔끔하게 마감합니다. 접착제는 E-6000을 사용하는 것이 좋아요.

5

끈과 큐빅의 컬러나 큐빅의 배치에 따라 디자인이 달라지므로, 조금 작은 사이즈의 큐빅으로 꽃모양 등의 도안을 응용하면 더 예쁘게 만들 수 있어요.

BRACELET

빅볼드 큐빅 데님 팔찌

빅볼드 큐빅 포인트 아이템을
데님소재의 끈과 매치해 팔찌를 만들었어요.
드레스 업 느낌의 파티 미니 원피스에도,
캐주얼한 화이트 티셔츠에도
두루두루 잘 어울려요.

NEEDED

재료 - 25mm 정도 너비의 땋은 데님 끈 또는 박음질하여
　　　 만든 데님 띠 15cm, 마감 집게 2개, 랍스터 고리
　　　 세트, O링 2개, 다양한 모양과 컬러의 빅볼드 큐빅
도구 - 펜치, O링 반지, 바늘, 실

HANDMADE RECIPE

1

빅볼드 큐빅의 컬러와 모양을 생각하여 도안을 만들어 봅니다. 작업할 도안이 완성되면, 휴대폰으로 사진을 찍어두고 작업하면 편리해요.

2

길이와 너비를 고려하며 데님 끈에 큐빅 도안의 위치를 맞추어봅니다.

3

데님 끈의 양 끝에 마감 집게를 펜치로 맞물려줍니다. 움직이지 않도록 접착제를 바른 뒤에 집게를 맞물리면 더욱 튼튼하게 작업할 수 있습니다.

4

양쪽 모두 집게로 마감한 모습입니다.

5

실과 바늘을 준비합니다.

6

도안대로 작업하되, 데님 끈의 가운데 중심 큐빅부터 작업하고 오른쪽 완성, 왼쪽 완성 순서로 작업하면 한쪽으로 쏠리지 않게 작업할 수 있습니다.

7

도안대로 완성합니다. 바느질로 고정하는 작업이므로 더욱 꼼꼼히 신경써서 해주세요.

8

데님 끈의 양쪽 끝에 랍스터 고리 세트를 달아줍니다. 랍스터 고리 연결하기 p.35 참조.

9

랍스터 고리 세트에서 뒤쪽 체인 부분을 길게 연결하면 조금 더 다양한 사이즈로 조절이 가능합니다.

BRACELET

32

큐빅볼 포인트 끈 팔찌

네온 컬러의 두꺼운 끈에 반짝이는 큐빅볼을 통과시킨 팔찌입니다.
심플하고 여성스러운 느낌으로 간단하게 만들 수 있어요.

NEEDED

재료 - 네온 컬러의 운동화 끈 25cm, 구멍 7~10mm 정도 크기의 큐빅볼, 라벨 펜던트 장식, O링 1개
도구 - 가위, 펜치 또는 핀셋, O링 반지

HANDMADE RECIPE

1

끈의 한쪽 끝에 큐빅볼을 끼웁니다. 끝 부분이 잘 들어가지 않으면, 핀셋이나 펜치로 잡아 당기거나 끝 부분을 테이프로 단단하게 감아 끼우는 방법도 있습니다.

2

길이를 조절할 수 있는 매듭을 만들어줍니다. 길이조절 가능한 매듭법 p.41 참조.

3

손이 들어갈 수 있도록 둘레를 정한 상태에서 매듭의 양쪽 끝을 따로 따로 한번 더 매듭지어 올이 풀리지 않도록 합니다.

4

O링과 라벨 펜던트를 준비합니다.

5

가운데 큰 매듭에 라벨을 O링으로 연결합니다. 라벨 펜던트는 팔찌의 완성도를 높이기 위한 작업이므로, 없어도 괜찮아요.

BRACELET

33

진주 옷핀 팔찌

디자이너 톰 빈스의 주얼리에서 아이디어를 얻어 만든 옷핀 팔찌입니다.
스터드 스타일이나 파티 드레스에도 잘 어울려요.

NEEDED

재료 - 우레탄 줄, 아크릴 핵진주 7mm 약 20개, 비슷한 사이즈의 옷핀 약 40개
도구 - 가위, 순간접착제, 나무집게

HANDMADE RECIPE

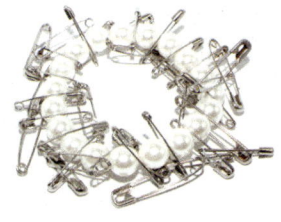

1

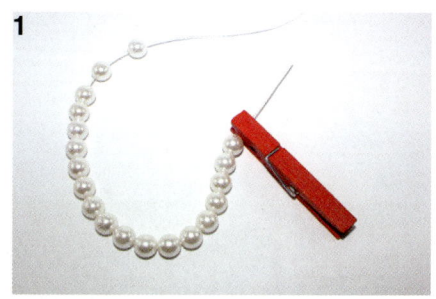

탄성 우레탄 줄의 한쪽 끝을 집게로 집어놓거나, 테이프로 고정시킨 뒤 진주 구슬을 끼웁니다.

2

작업할 팔목 둘레 정도의 길이가 되면 우레탄 줄을 매듭지어 접착제로 고정한 뒤 깔끔하게 잘라냅니다.

3

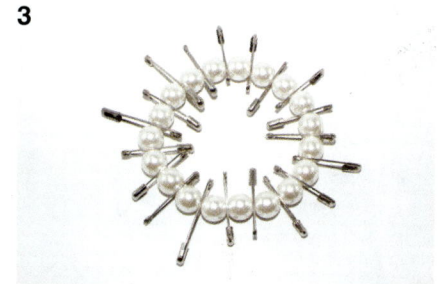

진주 구슬의 사이사이에 옷핀을 하나씩 끼워줍니다. 옷핀의 머리 부분과 끝 부분을 번갈아가면서 작업하세요.

4

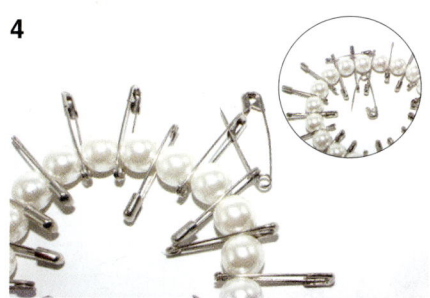

옷핀 2개를 옷핀으로 연결하는데 첫번째, 두번째 옷핀의 머리와 꼬리를 바깥쪽에서 연결하고, 두번째 세번째 옷핀의 머리와 꼬리를 안쪽에서 연결하는 방식으로 팔찌 전체를 작업합니다.

5

간단하면서도 독특한 디자인의 팔찌가 완성되었습니다. 금색 옷핀과 진주도 잘 어울립니다. 옷핀에 매니큐어 컬러를 입혀 컬러감 있는 팔찌도 만들어보세요.

BRACELET

34

지퍼 스터드 팔찌

지퍼 장식 그대로의 느낌을 살려 스터드를 넣어 만든 팔찌입니다.
지퍼 테두리 장식이 살아있어 락시크 느낌이 강렬한 아이템입니다.

NEEDED

재료 - 금속 장식 지퍼 15cm, 나사 형태 스터드 6개, 마감 집게 2개, 랍스터 고리 세트, O링 2개
도구 - 가위, 펜치, O링 반지, 펀치

HANDMADE RECIPE

1

금속 장식이 달린 지퍼를 13cm 길이로 잘라 양끝을 마감 집게로 고정합니다.

2

펀치를 이용해 가운데부터 같은 간격으로 구멍을 뚫습니다. 사이즈별 타공펀치를 이용하면 편리해요. 송곳을 사용해도 됩니다.

3

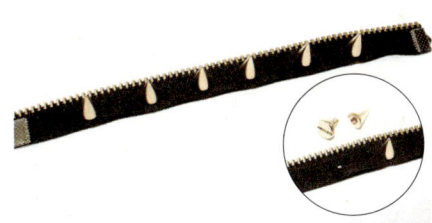

구멍에 나사 형태의 스터드를 고정합니다.

4

팔찌의 양쪽 끝에 랍스터 고리 세트를 O링으로 연결합니다. 랍스터 고리 연결하기 p.35 참조.

5

랍스터 고리 세트 중 체인 부분에 펜던트를 하나 달아 줍니다. 펜던트를 달지 않을 때는 심플한 멋이 있어요.

BRACELET

35

참장식 컬러 끈 팔찌

컬러풀한 끈 팔찌에 O링 장식과 함께 참이 달린 예쁜 팔찌예요.
찰랑거리는 참장식을 이니셜 펜던트로 선택하면 이니셜 팔찌가 되지요.

NEEDED

재료 - 컬러풀한 나일론 끈 15cm 2줄, 10mm O링 약 30개, 5mm O링 2개,
마감 집게 2개, 랍스터 고리 세트, 참장식 펜던트 3개
도구 - 가위, 펜치, O링 반지, 순간접착제

HANDMADE RECIPE

1

15cm의 나일론 끈 두 줄을 함께 잡아 끈 끝을 마감 집게로 고정합니다. 이 때 순간접착제를 바른 뒤 집게를 닫아주면 더욱 단단하게 고정할 수 있어요.

2

준비한 세 가지 참장식에 각각 10mm O링을 달아줍니다.

3

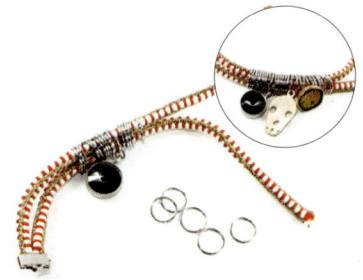

10mm O링 5개, 펜던트 1개, O링 8개, 펜던트 1개, O링 8개, 펜던트 1개, O링 5개의 순서로 끈에 통과시킵니다. 사이에 들어가는 O링의 양은 더 많거나 적게 조절해도 상관없어요.

4

반대쪽 끈도 고정집게로 고정합니다.

5

랍스터 고리 세트를 각각 5mm O링에 연결한 후 양쪽 마감 집게의 고리 부분에 랍스터 고리 세트를 연결하면 완성입니다.

BRACELET

찰랑찰랑 이니셜 팔찌

이니셜 팔찌를 만들었어요.
이니셜에 의미를 담아 팔찌를 선물하거나, 착용해 보세요.
어감이 좋은 단어나 나의 모토로 만들어도 좋아요.

NEEDED

재료 - 원석 구슬 7mm 12개, 테슬, 이니셜 펜던트, 포인트 장식 단추 3개, 10mm O링 약 15개, 고리 달린 마감 볼 2개, 랍스터 고리 세트, 낚싯줄
도구 - 펜치, O링 반지, 가위, 순간접착제

HANDMADE RECIPE

1

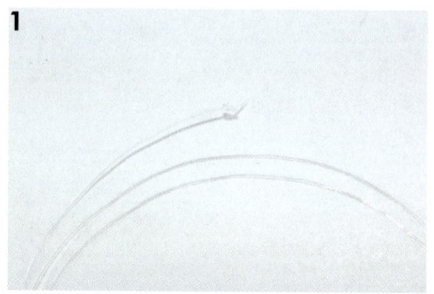

낚싯줄의 한쪽 끝을 매듭짓습니다.

2

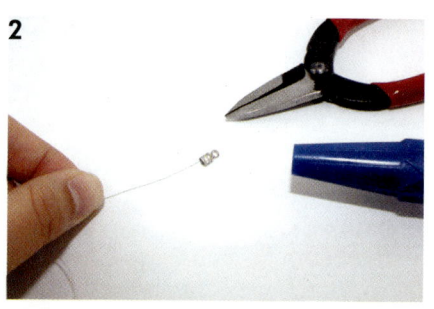

매듭에 순간접착제를 바른 후, 고리 달린 마감 볼의 캡을 닫아 고정합니다. 고리 달린 마감 볼 사용하기 p.36 참조.

3

원석을 차례로 끼우고, 중간중간 단추 장식을 넣어 줍니다.

4

끝 부분에 포인트 컬러 원석을 넣은 뒤 낚싯줄을 매듭 짓고 처음과 같은 방법으로 접착제를 떨어뜨린 후, 캡을 닫아줍니다.

5

구슬을 끼운 낚싯줄을 5mm 정도 여유를 두고 작업하면 O링을 끼울 때 뻑뻑하지 않고 수월하게 작업할 수 있습니다.

6

원석 사이사이에 이니셜을 배치해봅니다.

7

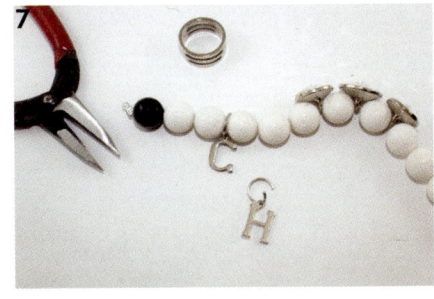

이니셜의 자리가 정해지면 O링으로 연결합니다. O링은 원석보다 2~3mm 작은 크기로 작업하는 것이 좋아요. 너무 작으면 이니셜이 자유롭게 놀지 못하고 너무 뻑뻑하게 들어갑니다.

8

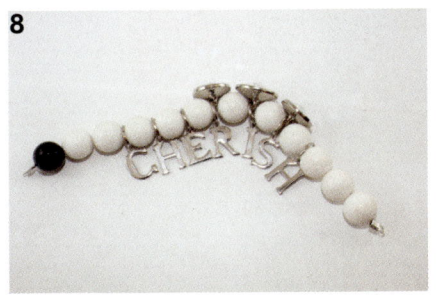

이니셜을 모두 연결한 모습입니다.

9

컬러 원석을 넣어 준 끝 부분에 비슷한 컬러의 테슬과 펜던트 장식을 달아 꾸며줍니다. 실 테슬 만들기 p.42 참조.

10

고정캡의 고리에 랍스터 고리를 연결합니다.

11

반대쪽에 길이조절용 체인으로 랍스터 세트를 달아주면 완성입니다. 움직일 때마다 찰랑거리는 소리가 기분 좋은 이니셜 팔찌입니다.

BRACELET

로프 네온 포인트 참 팔찌

마린룩이 떠오르는 아이보리색의 면끈 로프에 네온색 실을 감아
스터드 참장식과 독특한 다이아몬드 펜던트를 더해 컬러감을 살렸어요.

NEEDED

재료 - 8mm 두께의 면 로프 25cm, 네온 컬러 자수실 또는 땋은 실 25cm, 등산화 나일론 끈 20cm,
10mm O링 7개, 스터드 참 펜던트 4개, 포인트 다이아몬드 펜던트 3개,
도구 - 펜치, 가위, O링 반지, 순간접착제, 라이터

HANDMADE RECIPE

1
로프의 양쪽 끝을 올이 풀리지 않게 매듭짓습니다.

2
로프를 동그랗게 말아 4~5cm 정도 겹치도록 한 뒤, 겹친 부분을 세로로 놓고, 등산화 나일론 끈으로 평매듭을 4번 정도 만들어줍니다. 길이 조절 가능한 평매듭 p.40 참조.

3
길이 조절이 가능하게 평매듭을 완성한 후에 팔찌의 가운데 부분에 네온색 실을 돌돌 감아줍니다.

4
네온색 실을 감아 준 부분에 펜던트와 스터드 참장식을 O링으로 연결합니다. O링이 중간에서 돌아다니지 않도록 로프와 비슷한 둘레(1~2mm정도 O링이 크게)로 작업하는 것이 좋아요.

5
완성된 모습입니다. 뒤쪽 평매듭으로 길이를 조절하고, 포인트로 사용할 실 컬러와 평매듭 끈의 컬러를 비슷하게 맞춰주면 예쁘게 만들 수 있습니다.

지퍼 스터드 팔찌 만드는 법 p.148
레이스 리본 팔찌 만드는 법 p.160
포인트 단추 반지 p.182

BRACELET

38

레이스 리본 팔찌

얇은 띠 형태로 만든 자수 레이스 리본 팔찌입니다.
여러 개 레이어드하거나, 다른 팔찌와 함께 스타일링하면 정말 예뻐요.

NEEDED

재료 - 레이스 리본 15cm, 마감 집게 2개, 랍스터 고리 세트, O링 2개
도구 - 펜치, 가위, O링 반지

HANDMADE RECIPE

1

15cm 정도의 길이로 레이스를 잘라낸 뒤 양 끝을 마감 집게로 고정합니다. 마감 집게의 너비를 레이스 리본끈과 같은 사이즈로 맞추어줍니다.

2

마감 집게로 고정한 양 끝에 랍스터 고리와 체인을 O링으로 연결합니다.

3

랍스터 고리 세트를 모두 연결하면 간단한 레이스 팔찌가 완성됩니다.

4

다양한 모양의 레이스로 만들어보세요. 얇은 레이스 팔찌는 레이어드할 때 가장 예쁩답니다!

레이스 리본팔찌 완성!

BRACELET

39

락시크 스타일 지퍼 팔찌

지퍼, 스터드, 옷핀 등 락시크 스타일을 상징하는 패션 오브제 가운데
지퍼의 디테일을 그대로 살려 지퍼 팔찌를 만들었어요.
예쁜 펜던트나 반짝이는 금속 장식을 넣지 않아도 멋져요.

NEEDED

재료 - 지퍼헤드, 컬러 지퍼 15cm, 5mm O링 2개, 랍스터고리 세트, 마감 집게 2개
도구 - 가위, 라이터, 펜치

HANDMADE RECIPE

1

지퍼의 금속 부분만 남기고 가위로 자른 후 올이 풀리지 않도록 라이터로 끝을 그을립니다.

2

지퍼헤드를 끼워 지퍼를 반 정도 닫아줍니다. 헤드를 끼울 때 지퍼를 한 줄 먼저 넣고, 맞물리도록 조금 엇갈려 다른 줄을 넣은 후, 먼저 들어간 쪽을 헤드의 뒷부분에서 살살 잡아당기면 쉽게 끼울 수 있어요.

3

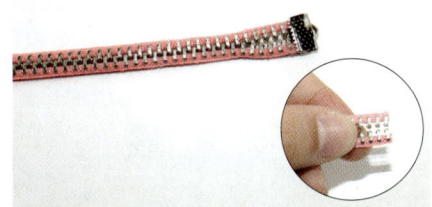

지퍼의 맞물린 쪽 끝을 5칸 정도 살짝 벌려 이빨을 일자로 만들어 마감 집게로 고정합니다. 이빨이 엇갈리면 마감 집게가 잘 닫히지 않아요.

4

반대쪽 마감 집게도 같은 방법으로 고정합니다.

5

마지막으로 랍스터 고리 세트를 양쪽에 연결하면 완성입니다. 지퍼를 반쯤 열어 지퍼헤드가 가운데 오도록 하여 언밸런스 레이어드 스타일로 연출하세요.

DIY

ACCESSORIES

팔찌 외에도 룩에 매치하고 스타일링하기 위해 목걸이와 반지 등 액세서리가 필요해요.
중간 길이의 볼드한 목걸이는 심플한 컬러 티셔츠나 하얀 블라우스와 매치하면
별다른 액세서리 없이 완벽한 원포인트 룩을 완성할 수 있어요.

ACCESSORIES

블링블링 이니셜 목걸이

굵은 로프에 이니셜이나 좋아하는 영어 단어를 장식해 만들었어요.
골드 컬러의 O링과 이니셜 참장식이 블링블링해 예뻐요.
실버 컬러 이니셜을 믹스해 만들어도 좋아요.

NEEDED

재료 – 8mm 두께의 로프 끈 약 50cm, 10mm O링 150개, 15mm O링 2개, 마감 캡 2개, 이니셜 펜던트, 원통/사각형 펜던트 각 2개, 랍스터 고리 세트

도구 – 순간접착제, 접착제 E-6000, 가위, 펜치, O링 반지

HANDMADE RECIPE

1

로프 끈을 50cm 정도의 길이로 잘라냅니다. 끝 부분의 올이 잘 풀리므로 순간접착제를 떨어뜨린 뒤 접착제 바른 부분을 가위로 잘라내거나 테이프로 감은 뒤 잘라내면 깔끔해요.

2

로프의 한쪽 끝에만 마감 캡을 접착제 E-6000으로 고정합니다. 마감 캡 연결하기 p.34 참조.

3

펜던트의 위치를 잡아줍니다.

4

이니셜 펜던트를 각각 10mm O링에 연결합니다.

5

원통형과 사각형 펜던트를 끼운 뒤, O링 5개, 이니셜 펜던트 1개, O링 10개, 이니셜 펜던트 1개, O링 10개 (반복), O링 5개의 순서대로 끼워줍니다.

6

이니셜 펜던트와 O링 장식 등을 모두 끼운 모습입니다.

7

로프의 반대쪽 비즈캡을 접착제로 고정합니다.

8

양쪽 로프의 끝 비즈캡 고리 부분에 15mm O링으로 랍스터고리 세트를 연결합니다.

9

이니셜 목걸이가 완성된 모습입니다. 길이를 조절하여 칼라스타일로 연출하거나, 블라우스에 잘 어울리는 미디움 길이 등으로 연출하세요.

ACCESSORIES

볼드 큐빅 투명 PVC 목걸이

투명한 PVC 판넬을 커팅하고 볼드 큐빅을 붙여 트렌디한 느낌의 목걸이를 만들었어요. 심플한 하이웨스트 스커트 룩, 헐렁한 크롭탑 티셔츠에 매치하면 어울리는 아이템입니다.

NEEDED

재료 - 1mm 두께의 단단한 PVC 판넬, 다양한 컬러와 모양의 빅볼드 큐빅, 10mm O링 2개, 목걸이용 체인 약 50cm(22cm 정도의 길이로 커팅하여 2줄), 5mm O링 2개, 랍스터 고리 세트

도구 - 가위, 순간접착제, 펀치, O링 반지, 펜치, 접착제 E-6000

HANDMADE RECIPE

1

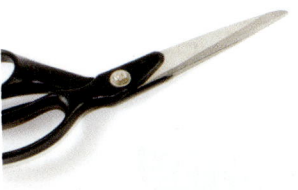

가위로 1mm 두께의 투명 PVC 판넬을 길쭉한 바나나 모양의 타원형으로 자릅니다.

2

펀치를 이용하여 지름 약 2mm 구멍을 양쪽 끝에 뚫어줍니다.

3

다양한 컬러와 크기의 빅볼드 큐빅을 이용하여 도안을 만들어 봅니다.

4

디자인한 도안을 휴대폰 카메라 등으로 찍어두고, 사진을 보면서 접착제 E-6000으로 하나씩 붙입니다.

5

판넬에 큐빅을 모두 붙인 뒤 10mm O링을 이용하여 체인을 연결합니다. 반대쪽도 체인을 연결한 뒤 양쪽에 랍스터 고리 세트를 달면 완성입니다.

ACCESSORIES

▽ 42

빅볼드 큐빅 포인트 스터드 목걸이

PVC의 투명한 소재와 골드 스터드 장식, 네온 컬러의 조합이 멋스러운 목걸이입니다.
흰 티셔츠와 청바지에 하나만 걸쳐도 바로 스타일이 완성될 만큼 강렬한 디자인이에요.

NEEDED

재료 - 단단한 1mm 두께의 PVC 필름으로 만든 두께 약 1~2mm의 PVC 사각 펜던트 20개(1x5cm), 5mm O링 2개,
PVC 팔각형 펜던트 1개(6x6cm), 지름 3cm의 빅볼드 큐빅, 10mm O링 실버 36개, 10mm O링 골드 4개,
랍스터 고리 세트, 스터드 참장식 16개, 마감 캡 2개, 컬러 로프 26cm, 3mm 두께의 얇은 체인 30cm 2줄
도구 - 가위, 접착제 E-6000, 펀치, O링 반지, 펜치, 니퍼

HANDMADE RECIPE

1

빳빳한 PVC소재(두께 약 1~2mm)를 가로로 1x5cm 크기의 사각형과 6x6cm 크기의 팔각형 모양으로 잘라낸 뒤 각각 2mm, 4mm 크기의 구멍으로 펀칭하여 PVC 펜던트를 만듭니다.

2

사각형 PVC 펜던트는 20개, 팔각형은 1개를 만듭니다.

3

팔각형 PVC 펜던트 위에 3cm 크기의 빅볼드 큐빅을 접착제로 붙입니다.

4

사각형 PVC 펜던트에 각각 10mm O링을 연결합니다.

5

스터드 참장식에도 각각 10mm O링을 연결합니다.

6

빅볼드 큐빅 팔각형 PVC 펜던트에는 10mm O링 골드를 2개 연결합니다.

7

컬러 로프에 스터드 8개와 사각형 PVC 펜던트 10개를 번갈아가며 연결하고, 가운데에 빅볼드 큐빅이 오도록 한 뒤, 다시 스터드 8개와 PVC 펜던트 10개를 번갈아가며 연결합니다.

펜던트를 모두 연결한 뒤 로프를 반으로 접어 두 줄을 한번에 마감 캡에 넣어 붙입니다.

9

양쪽 다 같은 방법으로 1개의 마감 캡에 두 줄의 로프가 들어가도록 고정하면 한 줄에는 펜던트가 걸려있고, 나머지 한 줄은 로프만 있는 형태가 됩니다.

10

두께 3mm의 얇은 체인 30cm 한줄을 반으로 접어 2줄로 만든 다음, 한쪽에는 10mm 골드 O링을, 반대쪽에는 랍스터 고리와 5mm O링을 연결합니다.

11

2줄 체인의 10mm 골드 O링 부분을 로프의 마감 캡 고리와 연결합니다. 양쪽 모두 작업하면 완성입니다.

ACCESSORIES

원석 비즈 믹스 디자인 목걸이

커다란 펜던트 장식을 중심으로 다양한 컬러와 소재의 원석, 펜던트를 믹스했어요.
조금 길게, 또는 목에 안정감 있게 감기도록 다양한 길이로 만들어 보세요.

NEEDED

재료 - 가운데 장식용 빅 펜던트, 7mm 원석 2종류 각 16개, 5mm 아크릴 구슬 12개, 7mm 크리스탈 구슬 6개, 5mm 핵진주 구슬 10개, 각 1cm×2cm, 1cm×3cm의 직사각형 빅 볼드 큐빅 2개씩(구멍 4개 뚫린 것), 볼드 체인 약 10cm, 랍스터고리 2개, 스터드 펜던트 18개, 5mm O링 24개, 10mm O링 2개, 키링용 랍스터고리, 두께 1mm 미만의 끈 약 1m, 낚싯줄 약 30cm, 고리달린 마감 고정 볼 4개, 2~3mm 크기의 시드비즈 4개

도구 - 펜치, 니퍼, 가위, 순간접착제, O링 반지

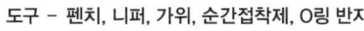

HANDMADE RECIPE

1

가운데 장식용 큰 펜던트의 끝 부분 고리에 5mm O링을 2개 걸어줍니다.

2

두께 1mm의 끈에 7mm 원석 4개, 큰 펜던트, 7mm 원석 4개를 순서대로 끼웁니다.

3

1x4cm 크기의 직사각형 빅볼드 큐빅, 7mm 크리스탈 구슬 3개, 시드 비즈 1개, 1x2cm 크기의 직사각형 빅볼드 큐빅의 순서로 끼웁니다.

4

반대쪽도 같은 순서로 끼워 대칭을 만듭니다.

5

낚싯줄에 고리 달린 마감 볼을 달아줍니다. 고리 달린 마감 볼 사용하기 p.36 참조.

6

낚싯줄을 고정한 고정볼의 고리와 중심의 큰 펜던트 옆쪽을 5mm O링으로 연결합니다.

7

낚싯줄에 7mm 원석 4개를 끼웁니다.

8

1x4cm 빅볼드 큐빅을 통과한 뒤, 다시 5mm 핵진주 구슬 5개를 연결합니다.

9

시드 비즈 1개를 연결한 뒤, 먼저 끼운 1x2cm 크기의 직사각형 빅볼드 크기의 4개 구멍 중 아래쪽 구멍에 낚싯줄을 통과시킵니다.

10

낚싯줄의 끝 부분을 고리 달린 마감 볼로 고정합니다.

11

고리 달린 마감 볼의 고리를 니퍼로 제거합니다.

12

반대쪽도 같은 방법으로 대칭으로 만들어 준 뒤, 양쪽 줄 모두 뒷 부분 남은 줄에 7mm 원석 8개씩, 5mm 아크릴 구슬 5개 씩을 대칭으로 끼웁니다.

13

줄의 끝 부분에서 3cm 정도 지점에서 줄을 접어줍니다.

14

두 줄을 함께 잡고 매듭을 지어 끝 부분에 고리를 만들어줍니다.

15

매듭지어 고리를 만든 뒤 남은 부분은 가위로 잘라내고 고리부분에 10mm O링으로 키링용 랍스터고리를 해체하여 랍스터고리, 키링을 각각 연결합니다.

16

스터드 펜던트와 5mm O링으로 가운데 장식 펜던트와 아래쪽 원석 줄의 사이사이에 참장식을 답니다.

17

스터드 장식의 위치나 개수는 펜던트의 모양에 따라 조절합니다.

18

랍스터 고리 2개를 볼드 체인의 끝에 연결합니다. 볼드 체인이 5mm O링에 맞지 않을 경우 10mm의 O링을 한번 더 연결합니다.

19

볼드 체인의 양쪽 끝에 랍스터 고리를 연결한 모습입니다.

20

만든 목걸이에서 작은 직사각형 빅볼드 큐빅 바로 아래쪽 또는 적당한 위치에 랍스터 고리를 연결합니다.

21

화려한 원석 비즈 믹스 디자인의 목걸이가 완성되었습니다.

ACCESSORIES

▽ 44

포인트 단추 반지

옷에서 떨어져나온 단추 하나, 버리지 말고 반지로 만들어 볼까요?
잘 만들어 끼운 반지 하나, 열 액세서리 부럽지 않을 거예요.

NEEDED

재료 - 단추, 반짓대, O링
도구 - 접착제 E-6000, 니퍼

HANDMADE RECIPE

1

단추의 고리 부분을 펜치로 제거합니다.

2

펜치로 단추의 고리를 제거하면 깔끔하게 자르기가 힘든데요, 일단 접착제를 충분히 바른 뒤, O링을 얹으면 여분의 뾰족한 부분의 위쪽에 반짓대가 닿게 되어 평평하게 작업할 수 있습니다.

3

반짓대를 O링 위에 얹어주면 완성. 바람이 잘 통하는 곳에서 24시간 이상 충분히 말립니다.

4

거꾸로 놓고 말리면 평평하게 잘 굳는답니다.

5

다양한 크기와 컬러, 디자인의 단추를 활용하면 나만의 핸드메이드 포인트 단추 반지가 완성됩니다.

ACCESSORIES

45

시드 비즈 반지

시드 비즈로 만든 반지입니다. 우레탄 줄로 만들어서 사이즈에 상관 없이 착용할 수 있어요.
2~3개 어울리는 펜던트의 반지를 레이어드해 보세요.

NEEDED

재료 - 다양한 크기와 모양의 시드 비즈 (2~7mm), 1mm 우레탄 줄 10cm,
10mm 고리 버튼 장식, 10mm 이하의 원석 비즈 등
도구 - 가위, 순간접착제, 나무집게

HANDMADE RECIPE

1

우레탄 줄의 한쪽 끝을 나무집게로 고정한 뒤 시드 비즈를 4cm 정도 끼웁니다. 손가락 둘레에 맞게 길이를 조절하세요.

2

10mm 크기의 버튼 장식을 끼웁니다.

3

우레탄 줄은 두세 번 매듭지어 순간접착제를 발라 마무리한 뒤 끝을 가위로 바짝 잘라냅니다.

4

같은 방법으로 시드 비즈를 35mm 정도 끼운 뒤 3mm 비즈와 5mm 비즈를 대칭으로 끼웁니다.

5

우레탄 줄을 마감한 뒤 매듭은 3mm 비즈의 사이로 넣어 가려줍니다. 다양한 컬러와 비즈로 만들어보세요.

ACCESSORIES

▽ 46

키치 스타일 키링

작은 인형, 컬러 리본 끈, 비비드한 플라스틱 해골 펜던트와 비즈 등 키치한 느낌의 오브제들을 한 곳에 모아놓은 키링 겸 가방 장식입니다.

NEEDED

재료 - 랍스터 열쇠고리, 빅사이즈의 다양한 펜던트, 체인 10cm,
비즈, 10mm O링 약 5~10개, 낚싯줄, 마감 집게 2개, T핀, 리본끈 10cm
도구 - 니퍼, 펜치, O링 반지, 가위, 9자말이, 순간접착제

HANDMADE RECIPE

1

비즈 줄을 만들기 위해 낚싯줄과 마감 고정 캡, O링을 준비하세요.

2

비즈를 낚싯줄에 통과시킨 후, 마지막 비즈에 낚싯줄 두 줄을 모두 끼웁니다.

3

낚싯줄의 끝을 매듭지은 후, 접착제를 바른 뒤 마감 집게를 달아줍니다.

4

펜치로 고정캡을 닫아서 비즈가 빠지지 않게 낚싯줄을 고정하세요.

5

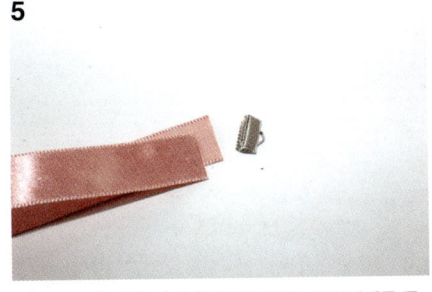

리본 끈에 고리를 달기 위해 리본끈과 마감 집게를 준비하세요.

6

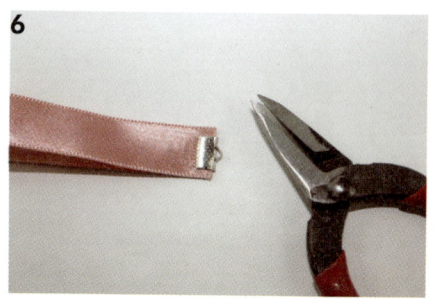

리본 끈의 올이 풀리지 않도록 가위로 잘 정돈한 뒤 마감 집게로 집어줍니다.

7

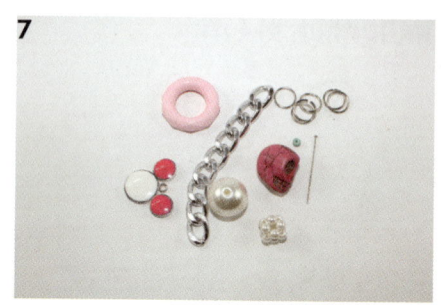

다양한 펜던트가 달린 체인을 만들 차례예요. 체인을 10cm 정도 길이로 자른 뒤, O링과 T핀, 9자말이를 준비합니다.

8

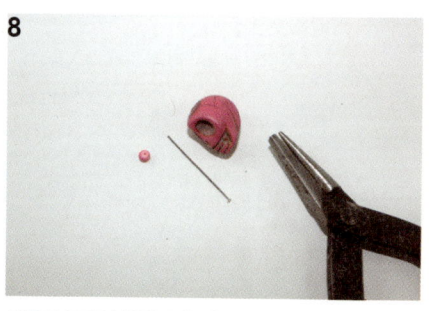

양쪽에 구멍이 뚫린 구슬 타입의 비즈는 T핀으로 고리를 만들어주는 작업이 필요합니다. 구멍이 T핀보다 클 경우 작은 비즈 한 개를 준비하여 끝 부분에 걸어주면 T핀이 빠지지 않고 고정됩니다.

9

사진과 같은 순서로 비즈를 끼웁니다.

10

9자말이로 T핀의 끝을 동그랗게 말아 고리를 만들어 줍니다. T핀, 9핀, 9자말이 사용법 p.28 참조.

11

다른 구슬 타입의 비즈도 같은 방법으로 고리를 만듭니다.

12

O링과 O링 반지를 이용하여 체인에 달아주세요.

13

체인 한 칸의 오른쪽, 다음 체인 한 칸의 왼쪽. 이런 순서로 달아주세요. 체인의 끝 부분에도 비즈를 하나 달아주면 마감도 깔끔해집니다.

14

큰 펜던트에도 O링을 모두 달아줍니다.

15

각각의 고리에 O링을 모두 달아준 뒤, 랍스터 열쇠고리의 펜던트 고리 부분에 연결합니다.

16

펜던트들을 모두 걸면 완성입니다. 리본이나 넓적하고 큰 사이즈는 뒤로, 체인과 포인트 펜던트는 앞으로 오도록 자리를 잡아주세요.

키치스타일 키링 완성!

ACCESSORIES

47

펜던트 가방 장식

큰 펜던트를 활용하여 가방 장식을 만들었어요.
좋아하는 펜던트들을 모아 나만의 스타일로 가방을 꾸며 보세요.

NEEDED

재료 - 두께 4mm 정도의 박스체인 약 25cm, 10mm O링 7개,
키링용 랍스터 고리 2개, 3x3cm 이상의 빅사이즈 펜던트 5개

도구 - 니퍼, 체인, O링 반지

HANDMADE RECIPE

1

박스 체인의 끝을 10mm O링으로 랍스터고리와 연결합니다.

2

반대쪽도 같은 방법으로 랍스터고리를 달아줍니다.

3

빅사이즈 펜던트들을 배치합니다.

4

10mm O링으로 각각 펜던트를 적당한 위치에 달아줍니다. 배치한 펜던트 중 가운데 부분부터 양쪽으로 작업하는 것이 좋습니다.

펜던트 가방 장식이 완성된 모습입니다. 가방의 손잡이 부분이나 지퍼의 끝에 연결하여 장식해 보세요.

D I Y

JEWELRY STYLE REFORMS

크리스탈 비즈, 원석 펜던트 같은 주얼리 스타일은 다양한 패션 아이템에 빠지지 않고 등장하지요.
패브릭에 구슬을 촘촘히 박아 도트무늬처럼 만들거나, 싫증난 패션 아이템에 달면
좋은 리폼 아이디어가 됩니다.

JEWELRY STYLE REFORMS

◇ 48 ◇

비즈 믹스 머리띠 리폼

반짝이는 비즈를 믹스하여 얇은 머리띠를 리폼했어요.
좋아하는 시드 비즈들로 만들어 보세요.

NEEDED

재료 - 얇은 머리띠, 낚시줄 약 50~70cm (넉넉히 준비), 각종 시드 비즈와 3mm 이하의 원석들
도구 - 순간접착제

HANDMADE RECIPE

1

낚싯줄에 각종 비즈를 믹스하여 순서에 관계 없이 약 30cm가 될 때까지 끼웁니다.

2

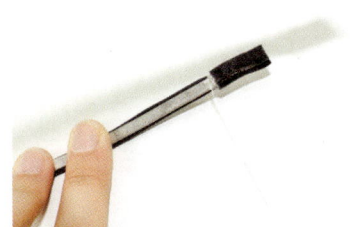

낚싯줄의 끝 부분을 머리띠 한쪽 끝에 여러 번 묶은 뒤 접착제로 고정합니다. 남은 끝 부분은 머리띠의 끝을 감싼 리본 띠의 틈으로 쏙 넣습니다.

3

머리띠의 윗 부분에 비즈가 올라오고, 뒷 부분에는 낚싯줄이 오도록 하여 돌돌 감습니다. 비즈가 모자랄 경우를 대비해 낚싯줄을 넉넉히 자른 뒤 반대쪽으로 비즈를 끼워 계속 감아줍니다.

4

끝 부분의 낚싯줄도 매듭을 여러 번 지은 뒤, 접착제로 고정합니다. 남은 여분의 낚싯줄도 잘라 머리띠의 마감 리본 틈으로 쏙 넣어 마무리합니다.

5

반짝이는 비즈 머리띠 리폼이 완성된 모습입니다.

JEWELRY STYLE REFORMS

◇ 49 ◇

큐빅줄 장식 플라스틱 뱅글 리폼

몇 년 전 여름에 구입해 둔 플라스틱 뱅글, 유행이 지나고 싫증나서 사용하지는 않지만, 방 구석에 숨겨두기에는 아까웠다면, 트렌디한 스타일로 리폼해 볼까요?

NEEDED

재료 - 플라스틱 뱅글, 다양한 패턴의 패브릭, 1cm 크기의 큐빅줄장식 10cm
도구 - 접착제 E-6000, 오링반지, 펜치, 가위

HANDMADE RECIPE

1

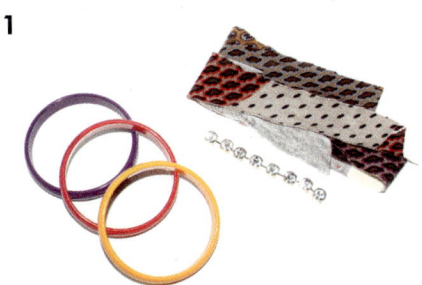

리폼할 뱅글, 패브릭과 큐빅줄을 준비합니다.

2

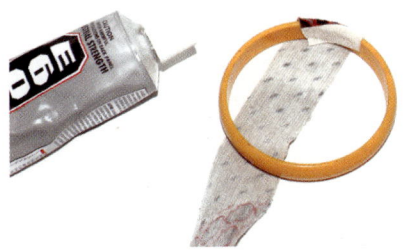

뱅글 안쪽에 접착제를 바르고, 너비 3cm 정도로 길게 자른 천을 안쪽에 붙인 뒤 뱅글을 천천히 감습니다.

3

천은 뱅글 안쪽을 따라 접착제를 발라 가면서 감으면 고정이 더욱 잘 됩니다.

4

천이 풀리지 않도록 꼼꼼히 접착제로 마감한 뒤, 큐빅 줄을 뱅글의 바깥쪽에 붙입니다.

5

통풍이 잘 되는 곳에서 말리면 완성.

JEWELRY STYLE REFORMS

◇ 50 ◇

빅볼드 큐빅 장식 뱅글 리폼

플라스틱 뱅글 리폼 두 번째. 패브릭 대신 레이스 리본끈을 뱅글에 감고 큐빅줄 대신 빅볼드 큐빅을 붙여 리폼했어요. 흰색 레이스와 컬러풀한 큐빅이 잘 어울리네요.

NEEDED

재료 - 레이스 리본 끈 30cm 이상 넉넉히 준비, 다양한 컬러와 종류의 빅볼드 큐빅 약 15개, 플라스틱 뱅글

도구 - 접착제 E-6000, 가위

HANDMADE RECIPE

1

두 번째 뱅글 리폼을 위한 준비물은 레이스 리본 끈과 빅볼드 큐빅입니다. 접착제를 뱅글의 안쪽에 바른 뒤, 레이스 리본 끈을 돌돌 감습니다.

2

레이스의 투명도에 따라 두세 번 정도 겹쳐서 감아 주세요.

3

빅볼드 큐빅의 뒷면에 E-6000 접착제를 조금씩 바릅니다.

4

일정한 간격으로 뱅글의 바깥쪽에 차례로 붙입니다.

5

완성된 모습입니다.

JEWELRY STYLE REFORMS

◇ 51 ◇

스터드 참장식 뱅글 리폼

플라스틱 뱅글 리폼 세 번째. 뱅글에 등산화용 로프를 돌돌 말아 스터드 등 다양한 펜던트로 장식했어요. 다양한 재료를 이용하여 주얼리 스타일 리폼에 도전해 보세요.

NEEDED

재료 - 플라스틱 뱅글, 등산화용 로프 50cm 이상 넉넉히 준비,
스터드 펜던트 외 다양한 펜던트 장식 8개, 5mm O링 8개
도구 - 접착제 E-6000, 가위, O링 반지, 펜치

HANDMADE RECIPE

1

뱅글의 안쪽에 접착제를 바르고 로프의 시작 부분을 함께 고정시켜 감습니다.

2

모양을 잘 잡아가며 촘촘하게 감습니다.

3

준비해 둔 펜던트와 O링을 연결합니다.

4

로프만 어느 정도 감은 뒤, O링과 연결해 놓은 펜던트를 로프에 끼웁니다. 펜던트가 뱅글의 바깥쪽에 오도록 로프를 잘 감으며 작업합니다.

5

로프의 끝 부분은 짧게 잘라 뱅글의 안쪽에서 접착제로 고정합니다. 로프의 짧은 끝 부분이 잘 붙지 않을 때는 집게로 고정해둡니다.

JEWELRY STYLE REFORMS

◇ 52 ◇

주얼리 스타일 폰케이스 리폼

빅볼드 큐빅을 컬러감있게 배치하여 붙인 주얼리 스타일 폰케이스입니다.
큐빅 외에도 에펠탑이나 꽃 펜던트 등을 붙여서 색다른 분위기를 연출해보세요.

NEEDED

재료 - 젤리 또는 플라스틱 폰 케이스, 다양한 컬러와 크기의 빅볼드 큐빅

도구 - 접착제 E-6000, 핀셋

HANDMADE RECIPE

1

큐빅을 예쁘게 배치하여 붙여줍니다. 크기가 큰 것을 먼저 배치하고 작은 큐빅은 남은 공간에 채워 넣는 것이 좋아요. 미리 배치해보고 카메라로 찍어둔 뒤 사진을 보며 작업하면 편리해요. E-6000접착제는 빨리 말라 조금씩 짜서 사용합니다.

2

배치한대로 접착제를 꼼꼼히 발라 완성합니다.

JEWELRY STYLE REFORMS

◇ 53 ◇

클러치 리폼

심플한 디자인의 클러치백에 생기를 불어넣어줄 눈을 만들어보세요.
주얼리로 다양한 표정을 연출해도 좋아요.

NEEDED

재료 - 약 10cm 길이의 곡선 원통형 장식 4개, 꽃잎 모양의 볼드 큐빅 8개,
둥근 모양의 컬러 아크릴 큐빅 2개, 클러치백

도구 - 순간접착제

HANDMADE RECIPE

1

준비한 비즈 장식들을 이용해 눈 모양을 배치해 봅니다.

2

위치를 잘 잡아 순간접착제로 하나씩 붙여주기만 하면 완성.

3

입술 모양의 커다란 펜던트를 함께 붙여주거나 눈동자의 컬러를 달리하여 오드아이를 만들거나, 콧수염 장식을 붙여 재미있는 스타일로 연출해보세요.

JEWELRY STYLE REFORMS

주얼리 스타일 슬리퍼 리폼

심플한 슬리퍼에 패브릭을 감고,
버튼 장식으로 꾸며 리폼한 아이템입니다.
슬리퍼 리폼에 도전해 보세요.

NEEDED

재료 - 패브릭 (30x30cm 넉넉히 준비),
　　　고리 버튼 장식 2개, 슬리퍼
도구 - 가위, 실과 바늘, 순간접착제

HANDMADE RECIPE

1

30x30cm의 패브릭을 가위로 잘라 약 2cm 너비의 끈으로 만듭니다. 길게 자른 뒤, 끝 부분을 2cm 정도 남기고, 다시 남긴 쪽에서 길게 잘라주고, 2cm 정도 남기는 방법으로 지그재그 모양으로 자릅니다.

2

슬리퍼의 앞 부분에서 패브릭을 매듭지은 뒤, 접착제 E-6000으로 매듭 부분을 고정해줍니다. 순간접착제는 마르면서 날카로운 부분이 생길 수 있어 다칠 염려가 있으므로 사용하지 마세요.

3

시작 부분의 매듭 후 슬리퍼의 라인을 따라 계속 감아줍니다. 끝 부분은 처음과 같은 방법으로 매듭을 지은 뒤 접착제로 마무리합니다.

4

남은 슬리퍼 라인 부분은 다시 가운데에서 매듭을 짓고 같은 방법으로 감아줍니다.

5

패브릭을 모두 감은 모습입니다.

6

양쪽 모두 작업합니다.

7

슬리퍼의 라인이 갈라지는 부분에 실과 바늘을 이용하여 고리 버튼 장식을 달아줍니다. 두꺼운 실 또는 여러 겹의 실로 단단히 꿰매주세요.

8

양쪽 모두 버튼 장식을 달아준 모습입니다. 머리띠를 리폼했던 비즈 감기 방법을 응용하여 조금 더 블링한 슬리퍼로도 리폼해보세요.

JEWELRY STYLE REFORMS

액세서리 보관대 만들기

컵케이크 받침의 형태를 응용한 액세서리 보관대입니다.
예쁜 장식의 접시와 컵, 그리고 커피잔 등으로 만들어보세요.

NEEDED

재료 - 대, 중, 소 크기의 접시 3개, 컵 2개, 커피잔 1개
도구 - 글루건 또는 접착제 E-6000

HANDMADE RECIPE

1

컵의 가장자리에 글루건을 바릅니다.

2

가장 큰 사이즈 접시의 가운데에 컵을 엎어서 붙입니다.

3

같은 방법으로 중심을 맞추어 접시-컵-접시-컵의 순서로 붙입니다.

4

상단의 접시와 잔은 세트로 하면 더 예뻐요. 커피잔을 작은 접시의 가운데에 붙여줍니다.

5

커피잔 세트를 맨 꼭대기에 올려 붙여주면 완성입니다. 2단으로 만들어 작은 사이즈로 활용해도 좋아요.